国家出版基金项目

NATIONAL PUBLICATION FOUNDATION

大時代書系

主编◎厉以宁　艾丰　石军

中国新型城镇化理论与实践丛书

新型城镇化与城乡发展一体化

总 序

2012 年 11 月，中国共产党第十八次代表大会提出，中国要推进“新型城镇化”。

2013 年 12 月，中共中央召开了新中国成立以来的第一次城镇化工作会议。

2014 年 3 月，中共中央、国务院印发了《国家新型城镇化规划（2014—2020 年）》。

我国进入了新型城镇化重要时期。

习近平同志在中央城镇化工作会议上的讲话指出，推进新型城镇化是解决农业、农村、农民问题的重要途径，是推动区域协调发展的有力支撑，是扩大内需和促进产业升级的重要抓手，对全面建成小康社会、加快社会主义现代化具有重大的现实意义和深远的历史意义。李克强同志多次强调，新型城镇化是现代化的必由之路和必需之策。

到目前为止，成功实现工业化、城镇化进而达到现代化的发达国家，人口加起来总共约 10 亿。如果到 21 世纪中叶，中国城镇化率达到 80%，转移人口将达到 12 亿左右，超过发达国家的人口总和，其规模之宏大和问题之复杂，在世界城镇化历史上是空前的。顺利完成中国城镇化，堪称中国历史发展的奇迹，也是世界发展史上的奇迹。

顺利推进新型城镇化，关键在于理论和实践的结合。它包括几个层次：

一是掌握城镇化的基本规律。

二是找到中国城镇化的特殊规律。

三是认识新型城镇化的内涵和要求。

四是根据以上认识，作出相应的决策，包括战略、规划、政策和措施。

五是在实施过程中，根据实践经验不断深化认识和改进操作。新型城镇化是一个新事物，没有现成的套路可以照搬，必须在理论和实践的结合中，不断前进。

本着为新型城镇化作出一份贡献的宗旨，特编辑出版了这套“中国新型城镇化理论与实践丛书”。

一、世界城镇化进程基本规律

世界城镇化已经有了260年的历史，贯穿了人类社会工业化和现代化的整个历程。其内在基本规律可以概括如下：

城镇化的基本矛盾是要素整合和空间配置的关系。社会生产力的发展靠要素整合，而要素整合离不开空间配置。要素整合和空间配置的互动互促，是城镇化的实质。

（一）六个要点

由此基本矛盾派生出城镇化基本规律的六个要点：

一个根据。劳动生产率。人类社会进步的基本动因是劳动生产率提高。工业靠人口的城镇聚集提高劳动生产率，农业靠减少农村人口提高劳动生产率。这是城镇化的基本根据。

二力协调。工业的拉力和农业的推力。农村人口转移是靠一拉一推实现的。而且，拉力和推力必须协调，二力不协调就会出现问题。

三个要素。人、业、地是城镇化的三个基本要素。人是核心，业是支撑，地是载体。所谓城镇化就是恰当运作这三个基本要素，以达到社会进步的目的。

四类主体。政府、企业、居民、智库。城镇化是这四类主体协作参与的社会工程。在发挥市场配置资源的决定性作用和更好地发挥政府作用的原则下，由政府统领，这四类主体各就各位、各尽所能、互相协作、形成合力，才能顺利推进城镇化。

五种杠杆。资源、资金、技术、文化、谋略。这些杠杆要素在城镇化的实施中，分别起着依托、融合、提升、活力、统筹的作用。

一个成果。现代化城镇体系建设。城镇体系包括宏观体系、中观体系、微观体系。城镇体系也包括实体体系、关系体系、文化体系。

（二）五项原则

分析世界各国城镇化经验教训，可以总结出五项原则：

1. **有序原则。**城镇化基本按照“地点转换，职业转换，身份转换”的顺序进行。

2. **同步原则。**城镇化进程要与产业支撑同步发展。

3. **渐进原则。**城镇化是一个自然发展过程，不可操之过急。

4. **匹配原则。**城镇化的模式要与国情相匹配。

5. **持续原则。**城镇化进程要可持续，城镇发展要可持续。

六个要点和五项原则，可以成为对城镇化规律的基础性认识。

二、中国城镇化历程

中国城镇化的伟大历史进程已经清晰地展现在我们眼前。

过去65年，中国城镇化走过了曲折发展的道路。

1. **新中国成立初期10年。**新中国成立初期10年，城镇化启动，城镇化率从1949年的10.6%提高到1957年的15.6%。

2. **1958—1978年。**1958年以后进入停滞期，到1978年，城镇化率达到17.9%。20年的时间城镇化率只提高2.3%，城镇化速度年均0.1%。

3. **改革开放以后至2013年。**改革开放以后，我国城镇化进程明显加快，到2013年已上升到53.7%，年均城镇化速度在一个百分点以上。城镇常住人口从1978年的1.7亿增加到2013年的7.3亿，城市数量从193个增加到658个，建制镇从2173个增加到20113个。京津冀、长三角、珠三角三大城市群初步形成，西部和东北地区城市焕发出新面貌。

目前，我国城镇化正处在城镇化率 30%～70%**的中期阶段，**城镇化率为 53.7%，如果按户籍人口计算，城镇化率只有 36%左右，低于发达国家 80%以上的平均水平，也低于类似发展中国家 60%的平均水平。

4. **展望未来。展望未来，还有非常艰巨的任务。**《国家新型城镇化规划（2014—2020 年）》提出的目标是，到 2020 年，城镇化率达到 60%左右，户籍人口城镇化率达到 45%左右。

还可以设想，到 2030 年，城镇化率达到 70%左右，而后再用 20 年，即到 2050 年，城镇化率达到 80%左右，同时做好相应的调整和提高工作。

这就是说，新中国的城镇化将走过 100 年的历程，新中国成立 100 周年，将是中国城镇化基本完成之时，也是中国现代化程度达到中等发达国家水平之日，两者基本重合。

三、中国城镇化特色

如何理解中国城镇化的"特色"?

（一）在"大反差"的条件下进行

基于国情，中国城镇化是在"大反差"的条件下进行的。

1. **人口。**"总量多"和"人均少"之间的大反差。"人均少"往往形成硬制约。如我国 GDP 总量世界第二，但人均 GDP 排名在世界 80 名左右；耕地总量占国土面积的 13.5%，但人均耕地 1.4 亩，是世界平均水平的 40%。

2. **区域。**不同区域之间在自然环境、经济发展、人口聚集等方面的大反差。由黑河到腾冲划出的所谓"胡焕庸线"，东南侧占全国 43.18%的国土面积，集聚全国 93.77%的人口，产出 95.7%的 GDP。西北一侧占 56.82%的国土面积，集聚全国 6.23%的人口，产出 4.3%的 GDP。

3. **城乡。**城乡二元结构形成的大反差。劳动生产率方面，农村人口占全国人口将近一半，而农业的 GDP 贡献率只有 10%左右；农村居民和城镇居民购买力之比是 1∶3；城乡二元体制。

4. **城镇。**大城市、特大城市和中小城市、小城镇之间的大反差。大城市急剧膨胀，中小城市、小城镇容量不足。

5. **经济。**落后农业国的起点和现代化目标之间的大反差。面临传统工业化补课和现代化赶超的双重历史任务。飞船早已上天，还有几千万人没有解决温饱问题。

（二）中国城镇化任务艰巨复杂

从国际比较看，中国城镇化任务非常艰巨复杂。

1. **转移人口总量大。**过去65年，城镇常住人口增加5.6亿，到城镇化基本完成时，累计转移农村人口12亿之众。这个数量是人类总人口的1/6。

2. **区域发展不平衡。**目前我国东部城镇化率为62.2%，中部城镇化率为48.5%，西部城镇化率为44.8%。三个不同区域城镇化所处阶段和面临的问题很不相同。由此出现了世界少有的区域人口大流动的现象。

3. **城镇模式多样化。**我国有人口稠密的地方，也有地广人稀的地方；有城镇密集的地方，也有城镇稀疏的地方。人均土地、人均资源、人均GDP的巨大差异，必然形成城镇模式上的多样化。中国各地各类城镇应该采取的模式可以说囊括了世界各国的各种模式。

4. **时间跨度比较长。**中国基本完成城镇化需要100年左右的时间。在世界各国中，这个时间跨度是比较长的，也是世界人口最多的国家城镇化所必需的。

5. **国际影响很深远。**在世界经济全球化的今天，世界最大的发展中国家的城镇化，其影响和意义必然超越国界。外国经济学家把中国城镇化看成推动21世纪世界经济发展的两大引擎之一，是有道理的。中国城镇化和世界经济发展的互动，成为必然。

（三）城镇化进程中存在的六个“滞后”

立足当前，必须正视城镇化进程中存在的六个“滞后”。

1. **城镇化滞后于工业化。**我国第二和第三产业增加值占GDP的比重达到90%，而城市人口和农村人口的比例是54∶46，城镇化率低于同等工业化水平的国家。

2. **人口城镇化滞后于土地城镇化。**城镇化过程存在着重“物的城镇化”，轻“人的城镇化”的倾向。城市结构松散，占地过多，城镇用地增长快于人口容纳增长。

3. **城市建设滞后于城镇化速度。**城市基础设施、公用服务设施、城镇住房建设远不适应城镇人口增长。

4. **身份转换滞后于职业转换。**我国目前的城镇化率，按户籍人口计算是35%，按常住人口计算是53%，相差18个百分点。这意味着有2亿多农民工有待市民化。

5. **文化建设和生态建设滞后于实体建设。**城镇化中历史文化传承问题没有很好地解决，城镇的文化特色、地方特色、民族特色正在消失。城镇的环境污染越来越严重。

6. **城市管理滞后于城市发展。**城镇管理体制、城镇管理经验、城镇管理人才都还不适应城镇化的快速发展。

六个“滞后”说明，依靠劳动力廉价供给推动城镇化快速发展的模式难以持续，依靠粗放式消耗土地等资源推动城镇化快速发展的模式难以持续，依靠公共服务非均等化压低成本推动城镇化的模式不可持续。

四、“五位一体”的新型城镇化目标

所谓新型城镇化，就是落实科学发展观，体现工业化、城镇化、信息化、农业现代化“四化协调”和经济建设、政治建设、文化建设、社会建设、生态文明建设“五位一体”的城镇化。

具体来说，就是以人口城镇化为核心，以城市群为主体形态，以综合承载能力为支撑，以体制机制创新为保障，促进产业发展、就业转移和人口集聚相统一，走出一条以人为本、四化协调、集约高效、布局优化、生态文明、文化传承的中国特色的新型城镇化道路。

新型城镇化是基于中国城镇化的规律、适应新形势的要求、针对现存的主要问题提出来的。

可以用“三八原则”和“三五要点”具体解读新型城镇化。

（一）新型城镇化的“三八原则”

所谓“三八原则”即是：

1. **正确处理八个方面关系。**一是空间：正确处理城乡之间、不同区域之间、城镇之间、各类城区之间的关系；二是产业：正确处理产业发展和城镇化进程之间的关系和第一次产业、第二次产业、第三次产业之间的关系；三是要素：正确处理人、业、地、钱等各种要素之间的关系；四是居民：正确处理各种居民之间的关系，特别要保证不能损害农民的利益，逐步实现公共服务均等化；五是文化：正确处理传承和创新的关系，把现代化和历史文化传承统一起来；六是模式：正确处理统一和多样的关系，各个城镇既要遵循国家统一规划，又要从实际出发作出选择；七是进程：正确处理速度和质量的关系，新型城镇化必须注意条件匹配、质量优先；八是主体：正确处理政府、企业、居民之间的关系，正确处理“有形的手”和“无形的手”的关系，按照“政府引导，多方参与”的原则推进城镇化。

2. **符合八条基本标准。**一是城乡一体；二是以人为本；三是经济繁荣；四是城建现代；五是布局合理；六是文化发展；七是社会和谐；八是绿色低碳。

3. **运用八条操作要领。**一是以人口为核心；二是以产业为支撑；三是以环境做定位；四是以城建做载体；五是以土地为依托；六是以资金做杠杆；七是以制度做配套；八是以改革为动力。

强调以改革为动力，用改革的方法解决城镇化中遇到的各种问题很重要。处在社会转型期的中国，必须通过全面深化改革，克服思维、制度、体制、政策等方面不适应城镇化的制约和障碍，才能保证城镇化的顺利进行。

（二）新型城镇化的“三五要点”

所谓“三五要点”即是：

1. **抓住五个难点问题。**一是农民工市民化问题；二是土地问题；三是城镇住房和公共服务问题；四是资金问题；五是历史文化传承问题。

2. **抓住五个战略重点。**一是重视产业发展和城镇化互动。我国是发展中国家，经济建设是中心，经济发展是城镇化的支撑，城镇化是经济发展的结果，又必须促进经济持续发展。二是重视"城乡一体化"。在我们这样的农业大国，正确解决农村、农业、农民问题，在城镇化中占有特殊重要的地位。不能走牺牲"三农"的城镇化歧路。三是重视"就近城镇化"。充分发挥中小城市和小城镇的作用，就近转移人口，才能解决城镇人口容量问题、巨量人口流动问题和各类城镇人口分布严重不平衡的问题。中国把世界通行的"城市化"概念改为"城镇化"，就是出于这种考虑。四是重视现代化城镇体系建设。在宏观体系、中观体系、微观体系三个层次中，实施"中观突破"策略，把城市群建设作为城镇化的主体形态。五是重视"五位一体"。

在我们这样的发展中国家，城镇化进程中最容易出现的片面性是：重城镇建设，轻社会建设，不能及时解决新出现的城市"二元结构"问题；重经济效益，轻生态建设，不能及时解决环境恶化的问题；重现代化赶超，轻文化传承，不能很好解决文化建设问题；重实体建设，轻制度配套，不能适应城镇化管理的新要求。"五位一体"是根治这些病症的良药。

3. **抓住五种基本手段。**一是制定科学的系统的城镇化规划；二是建立"政府引导，多方参与"的运行机制；三是强化城镇化的法治保障；四是建立新型城镇化的评价体系；五是执行区别对待、分类指导的工作方针。

五、关于丛书出版

近年来，在党和政府的倡导下，我国一些党政机关、社会团体、研究机构、领导干部、专家学者和企业家，对新型城镇化已经做了很多研究，出了不少成果；国家立法机关和政府部门也在积极制定相关的规划，出台了不少相关政策和措施。新型城镇化已经出现了上下关注、多方献策的大好局面。特别是中央城镇化工作会议的召开和《国家新型城镇化规划

（2014—2020年）》的发布，进一步明确了新型城镇化工作的方向和要求。

这些都为本丛书的编辑出版创造了良好的条件。

我们这套“中国新型城镇化理论与实践丛书”，意在强调理论和实践的结合，并希望能够通过丛书这种形式，集思广益、博采众长，集中归纳，突出重点，达到在认识上便于全面把握，在操作上又容易借鉴的目的。

本套丛书由三部分组成。

第一分册《中国新型城镇化概论》，是丛书的总论部分，全面论述了新型城镇化相关各个方面的基本问题。

第二分册到第五分册，是专论部分，分别就城乡一体化、人口问题、土地问题、资金和财税问题，做专门论述。

第六分册到第十分册，是实践操作部分，从全国选取不同类型的新型城镇化案例，每册对一个重点案例进行评介。

丛书采取开放形式，随着时间的推移，可能不断有新的分册加入。

鉴于新型城镇化的复杂性，社会上多有不同意见的讨论。本丛书提供的只是“一家之言”。如果本丛书能够对我国新型城镇化有所贡献，对新型城镇化的决策者和参与者有所帮助，那就是编者和作者最大的希望和欣慰了。

本丛书是艾丰经济发展研究院的一个重点策划项目，由于涉及内容广泛，篇幅比较浩大，有多位领导同志、专家学者和企业界朋友积极参与包括组织协调、讨论撰写、出版推广等各方面的工作。在此，主编者代表发展研究院向他们表示感谢。

目录
Contents

前　言

改革开放以来，中国城镇化的特点是起点低、速度快、规模大。从1978年到2013年，中国城镇化率由17.92%迅速提高到53.73%，平均每年提高1.02个百分点；新增城镇人口达到5.59亿人，平均每年新增1596万人。这种大规模的快速城镇化在世界上绝无仅有。世界城镇化率由30%提高到50%平均用了50多年，而中国仅用了15年。按照联合国经济和社会事务部提供的数据，从1995年到2010年，世界新增城市人口有28.5%是中国贡献的。中国大规模的快速城镇化，不仅是拉动经济快速增长和消除农村贫困的主要动力，也是推动经济社会结构变革的重要力量。

然而，应该看到，由于经验不足、体制障碍和认识误区，长期以来中国走的是一条传统的城镇化道路，其资源环境代价大，城镇化质量低，不协调、不和谐和不可持续性问题突出。从城乡关系角度看，这种传统的城镇化是一种典型的城乡分割型城镇化。大量进入城镇就业的农业转移人口，不仅市民化程度低，而且推进缓慢。由于城乡体制分割，至今为止，中国城乡要素自由流动、平等交换以及城乡公共服务和社会保障接轨仍面临诸多障碍，城乡收入差距依然很大。这表明，中国大规模快速城镇化所带来的红利，在城乡之间的分配是不平等的。从某种程度上讲，中国大规模的快速城镇化是建立在农民工的低工资、征用土地的低成本以及城镇化红利的不均等分配基础上的。显然，这种城乡分割型的传统城镇化是不可持续的，已经走到了尽头。

当前，中国已经越过城镇化率50%的拐点，正处于城镇化的战略转型期。未来的重点是全面提高城镇化质量，走具有中国特色的新型城镇化道路。这种新型城镇化是一种以人为核心的城镇化，其基本特征是以人为本、集约智能、绿色低碳、城乡一体、文化传承。走新型城镇化之路，必须突破传统的城乡分割思维，把城镇化置于城乡一体化的框架之下。从本质上讲，城镇化的核心是变农民为市民的市民化过程，它涉及到市民与农民、城市与乡村、工业与农业等不同层面的城乡关系。我们不能只看到城市而忽视农村，把城镇化片面理解为单纯搞城镇建设，更不能让它沦为“房地产化”。在新的背景下推进新型城镇化，城乡要素自由流动、平等交换和资源均衡配置是重要前提，城乡一体化的体制机制是根本保障，城乡共同繁荣和一体化则是基本目标。城市的繁荣不能建立在农村的衰落基础上，城镇化的红利应该在城乡居民间共享，城市病与农村病应该统筹兼顾、共同治理。

因此，城乡发展一体化既是新型城镇化的重要前提，也是推进新型城镇化的基本目标；而新型城镇化则是解决“三农”问题、实现城乡发展一体化的根本途径。在新的形势下，要实现城乡发展一体化，必须以新型城镇化为引领，坚持以城带乡，彻底抛弃剥夺农民、牺牲农业、忽视农村的城镇化老路，坚定不移地走城市支持农村的城镇化新路。同时，要突破城乡二元体制障碍，加快统筹城乡综合配套改革步伐，建立城乡统一的户籍、土地、就业、社会保障和行政管理制度，推动城乡规划布局、基础设施、产业发展、公共服务、环境保护和社会治理一体化，促进城乡要素自由流动、平等交换和公共资源均衡配置，使城乡居民共享现代化成果，实现权利同等、生活同质、利益同享、生态同建、环境同治、城乡同荣的一体化发展目标。

围绕“新型城镇化引领城乡发展一体化”这一主线，全书共分为八章。第一章分析了中国城镇化的演变历程、基本特点和主要存在问题，并在城乡一体化框架下提出了新型城镇化的目标、方向和战略重点；第二章探讨了城乡一体化的内涵、特征和主要内容，以及中国推进城乡一体化的背景、进程和面临的障碍；第三章从规划布局、基础设施、产业发展、公共服务、环境保护和社会治理六个方面，考察了城乡发展一体化的建设内容；第四章以成渝、杭州、莱芜、八里店和中鹤为案例，深入考察了城乡发展一体化的多元模式；第五章从新型农业生产经营体系、农村产权制度改革、农村新型社区建设和农村病治理等方面，阐述了城乡一体化背景下新农村建设的路径；第六章从一体化视角探讨了城市转型的内涵、方向和路径，以及大城市膨胀病的综合治理；第七章从户籍、土地、就业、社会保障和行政管理“五统一”的角度，考察了城乡一体化的体制机制创新；第八章着重探讨新时期构建新型城乡工农关系的内涵、作用和实现途径。

王伟光

2014 年 9 月

第一章

一体化格局下的新型城镇化

中国城镇化的演变历程

中国城镇化的基本特点

中国城镇化存在的主要问题

新型城镇化建设的目标与方向

推进新型城镇化的战略重点

新型城镇化引领城乡一体化

城镇化是指人口向城镇聚集、城镇规模扩大以及由此引起一系列经济社会变化的过程。其实质是经济结构、社会结构和空间结构的变迁。从经济结构变迁看，城镇化过程是农业活动逐步向非农业活动转化和产业结构升级的过程；从社会结构变迁看，城镇化是农村人口逐步转变为城镇人口以及城镇文化、生活方式和价值观念向农村扩散的过程；从空间结构变迁看，城镇化是各种生产要素和产业活动向城镇地区聚集以及聚集后的再分散过程。① 城镇化是人类社会发展的必然趋势，也是现代化的重要标志。当前，中国城镇化已经进入一个重要的战略转型期，必须坚持速度与质量并重，全面提高城镇化质量，在城乡发展一体化的格局下，走具有中国特色的新型城镇化道路。

① 魏后凯．怎样理解推进城镇化健康发展是结构调整的重要内容［N］．人民日报．2005.1.19.

一、中国城镇化的演变历程

根据城镇化的推进速度和演变特点，大体可以把新中国成立以来城镇化的历程分为波浪起伏时期（1950—1977 年）、稳步推进时期（1978—1995 年）和加速推进时期（1996 年之后）三个时期（见图1—1）。

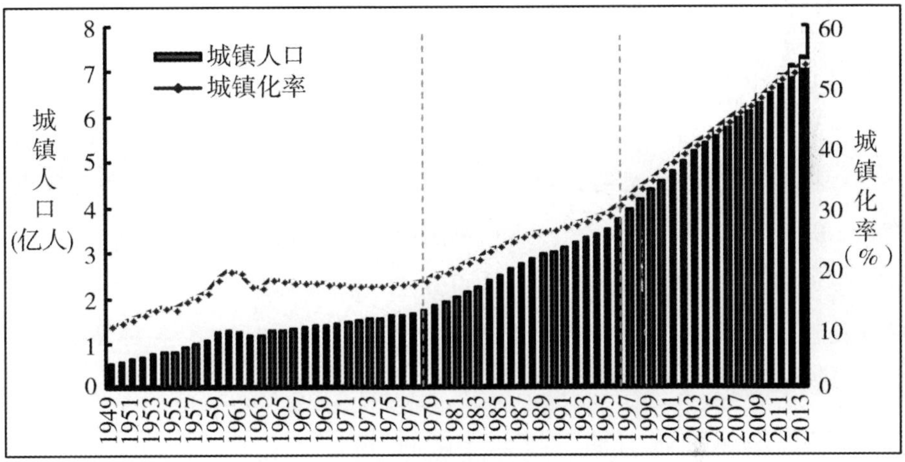

图 1—1　中国城镇化演变的阶段划分

［资料来源：根据《中国统计年鉴》（各年度）和《2013 年国民经济和社会发展统计公报》绘制］

（一）波浪起伏时期（1949—1978 年）

在改革开放之前，由于国家政策的变化，中国的城镇化进程呈波浪状推进。这一时期又可分为 6 个不同阶段：一是 1950—1953 年的恢复和稳步推进阶段，这期间全国城镇化率由 1949 年的 10.64%增加到 13.31%，年均提高 0.67 个百分点；二是 1954—1955 年的停滞阶段，全国城镇化率在 13.5%左右徘徊；三是 1956—1960 年的城镇化大冒进阶段，在“大跃进”思想支配下，全国城镇化率由 1955 年的 13.48%迅速扩张到 19.75%，年均提高 1.25 个百分点，超出了当时国民经济的承受能力；四是 1961—

1963年的反城镇化阶段，3年内全国城镇化率下降了2.91个百分点，平均每年减少0.97个百分点；五是1964年的恢复性增长阶段，当年城镇化率急剧增加了1.53个百分点；六是1965—1977年的停滞和衰退阶段，这期间受“文化大革命”的影响，全国城镇化率一直在17.5%左右徘徊，并呈现出微弱下降的趋势。

（二）稳步推进时期（1979—1995年）

改革开放以来至1995年，中国城镇化呈现出稳步推进的特点。在这一时期，随着改革开放的不断深入和工业化的快速推进，中国的城镇化水平稳步提升，由1977年的17.55%提高到1995年的29.04%，18年内城镇化率提高了11.49个百分点，平均每年提高了0.64个百分点。其中，在1978—1987年，全国城镇化推进的速度较快，年均提高0.78个百分点；而在1988—1995年，由于受1989年治理整顿政策的影响，全国城镇化速度趋于放缓，平均每年提高0.47个百分点。总体上看，这一时期虽然全国城镇化在稳步推进，但由于工业化推进较快，加上历史上各种矛盾的积累，导致城镇化严重滞后于工业化。

（三）加速推进时期（1996—2014年）

自1996年以来，中国城镇化步入了加速推进时期，18年间城镇化水平平均每年提高1.37个百分点，远高于1950—1977年平均每年提高0.25个百分点和1978—1995年平均每年提高0.64个百分点的速度。其中，在“十一五”期间，全国城镇人口由2005年的56212万人增加到2010年的66978万人，5年内共新增城镇人口10766万人，平均每年增加2153万人；城镇化水平由42.99%提高到49.95%，平均每年提高1.39个百分点。相比较而言，“十一五”时期全国平均每年新增城镇人口和城镇化速度与“九五”和“十五”时期基本持平，但远高于“七五”和“八五”时期的水平（见表1－1）。2011—2013年，全国平均每年新增城镇人口2044万人，城镇化率年均提升1.26个百分点，其速度略低于“九五”、“十五”和“十一五”时期。这表明，中国的城镇化在经历“九五”至“十一五”时期的高速推进后，“十二五”时期已有减缓的趋势。预计在今后一段时期内，中国城镇化的速度将逐步减缓，开始进入速度与质量并重的转型时期。

表 1－1 各时期中国城镇化速度比较

时期	年份	平均每年新增城镇人口（万人）	城镇化年均提高幅度（百分点）
“六五”时期	1981—1985	1191	0.86
“七五”时期	1986—1990	1020	0.54
“八五”时期	1991—1995	996	0.53
“九五”时期	1996—2000	2146	1.44
“十五”时期	2001—2005	2061	1.35
“十一五”时期	2006—2010	2153	1.39
“十二五”时期	2011—2013	2044	1.26

［资料来源：根据《中国统计年鉴》（各年度）和《2013 年国民经济和社会发展统计公报》计算］

二、中国城镇化的基本特点

改革开放以来，随着经济的高速增长和工业化的快速推进，中国城镇化呈现出不断加快的趋势，城镇化水平显著提高，城市经济日益占据支配地位，城镇化的带动作用不断增强。这期间，中国仅用 30 年左右的时间就完成了英国等发达国家历经上百年才走过的进程，在世界上创造了又一个“中国奇迹”。与其他国家相比，中国的城镇化具有四个鲜明特点。

（一）城镇化起点低、规模大、速度快

中国城镇化的起点低，1980 年城镇化率仅有 19.4%，比世界平均水平低 20.0 个百分点，比欠发达地区还低 10.1 个百分点。从 1978 年到 2013 年，中国城镇人口由 1.72 亿人增加到 7.31 亿人，城镇化率由 17.92%提高到 53.73%，平均每年提高 1.02 个百分点，新增城镇人口 1596 万人。尤其是“九五”以来，各时期城镇化率年均提高幅度都在 1.25 个百分点以

上，年均新增城镇人口都超过2000万人，这种速度和规模在世界上都是罕见的。1981—2010年，世界城镇化率年均提高0.41个百分点，其中，发达地区为0.25个百分点，欠发达地区为0.55个百分点，而中国则高达0.99个百分点，远高于世界平均增速。2011年，世界城镇化率为52.1%，按照2001—2011年平均每年提高0.5个百分点的速度推算，预计2013年将达到53.1%，这表明中国城镇化进程已经超过世界平均水平。世界城镇化率由30%提高到50%平均用了50多年时间，英国用了50年，美国用了40年，日本用了35年，而中国仅用了15年。

（二）城镇化水平呈现明显的地区差异

由于工业化和经济发展阶段不同，中国各地区城镇化水平差异较大，不同地区城镇化阶段也各不相同。总体上看，东部和东北地区城镇化水平较高，而中西部地区较低；东部地区城镇化加速较早，中西部地区加速较晚，而东北地区推进速度较慢。到2012年，东部和东北地区城镇化率已分别达到61.86%和59.60%，而中部和西部地区分别只有47.19%和44.74%，西部比东部和东北地区分别低17.12个和14.86个百分点（见表1—2）。从1978年到2010年，东部地区城镇化率平均每年提高1.37个百分点，而中部和西部地区分别年均提高0.92个和0.86个百分点，东北地区仅年均提高0.64个百分点。这期间，东部与西部地区间城镇化率差距由1.95个百分点扩大到18.27个百分点；东部与中部地区间差距则由1.65个百分点扩大到16.12个百分点。然而，自2010年以来，东部地区城镇化增速已开始放慢，而中西部地区仍处于加速之中，其城镇化速度开始超过东部地区，东西部差距正朝着不断缩小的方向转变。

表1—2 1978—2012年四大区域城镇化率变化

年份	城镇化率（%）				时期	年均增幅（百分点）			
	东部	东北	中部	西部		东部	东北	中部	西部
1978	15.73	37.01	14.08	13.78	—	—	—	—	—
1980	17.91	39.08	15.23	15.76	1978—1980	1.09	1.04	0.58	0.99

（续表）

年份	城镇化率（%）				时期	年均增幅（百分点）			
	东部	东北	中部	西部		东部	东北	中部	西部
1985	28.00	45.98	19.57	20.16	1981—1985	2.02	1.38	0.87	0.88
1990	32.44	48.69	22.32	21.96	1986—1990	0.89	0.54	0.55	0.36
1995	39.29	51.37	26.99	25.97	1991—1995	1.37	0.54	0.93	0.80
2000	44.61	52.26	29.82	28.68	1996—2000	1.06	0.18	0.57	0.54
2005	51.78	55.15	36.55	35.36	2001—2005	1.43	0.58	1.35	1.34
2010	59.70	57.62	43.58	41.43	2006—2010	1.59	0.49	1.41	1.21
2012	61.86	59.60	47.19	44.74	2011—2012	1.08	0.99	1.81	1.66

注：东部地区包括河北、北京、天津、山东、上海、江苏、浙江、福建、广东、海南10个省市；东北地区包括辽宁、吉林和黑龙江3省；中部地区包括山西、河南、安徽、湖北、湖南、江西6省；西部地区包括内蒙古、广西、陕西、甘肃、宁夏、青海、新疆、重庆、四川、贵州、云南、西藏12个省区市。［资料来源：根据魏后凯（2014）和《中国统计年鉴》（2013）计算］

（三）城市群已成为城镇化的主体形态

近年来，随着经济全球化、区域一体化与交通网络化的快速推进，中国涌现出了一批大小不同、规模不等、发育程度不一的城市群。较典型的有长三角城市群、珠三角城市群、京津冀城市群、山东半岛城市群、辽中南城市群、海西城市群、哈大长城市群、中原城市群、长株潭城市群、武汉城市群、成渝城市群等。这些城市群作为国家参与全球竞争与国际分工的全新地域单元，已经成为引领和支撑中国经济高速增长的主导地区，主宰着中国经济发展的命脉。随着城市群的迅速兴起，目前中国已进入到一个以城市群为载体的群体竞争新时代，城市群已经成为中国推进城镇化的主体形态和吸纳新增城镇人口的主要载体。据方创琳等的研究，中国发育成熟或达标的城市群共有15个，未达标但需要培育的城市群有8个，这23个城市群2007年集中了全国46.7%的城镇、51.4%的城镇人口和78.8%的GDP总量，其经济密度和人口密度分别是全国平均水平的3.63倍和2.26倍。其中，长三角、京津冀、成渝、珠三角、山东半岛、辽中南六大城市群承载了全国31%的城镇人口。

（四）城镇化成为经济发展的重要引擎

城镇化既是经济社会发展的结果，也是促进经济增长和结构变迁的重要驱动力。中国改革开放以来的经济快速增长，是与城镇化的快速推进紧密相连的。快速发展的城镇化带来了大量的投资和消费需求，促进了内需扩大和经济增长。从投资需求看，城镇人口的增加可以带来城镇基础设施、公共服务设施建设和房地产开发等多方面投资需求。一般认为，每新增1个城镇人口，大概需要10万元的投资。据此推算，“九五”以来全国每年新增城镇人口带来的投资规模将超过2万亿元，这些投资是推动经济增长的重要力量。从消费需求看，大量农村劳动力向城镇转移，也扩大了消费需求。中国城镇化率每提高1个百分点，将有1000多万农民进入城镇，而2012年城镇居民的消费是农村居民的2.8倍，由此将明显拉动最终消费增长。同时，中国的城镇化还加速了人力资本积累，促进了技术创新和生产率提高，推动了产业结构优化升级。而大量农村劳动力从第一产业向第二、第三产业转移，也有力促进了中国经济增长。据研究，劳动力部门转移对中国GDP增长的贡献大约为16%～20%。此外，中国城镇化的快速推进还促进了基本公共服务的改善和城乡发展差距的缩小。

三、中国城镇化存在的主要问题

应该看到，中国改革开放以来城镇化的快速推进是建立在外延式的粗放发展模式之基础上，城镇化的质量低，资源环境代价大，市民化严重滞后，发展中不平衡、不协调、不可持续问题突出。这种传统的粗放型城镇化模式已经走到了尽头，难以为继。总体上看，当前中国城镇化主要面临着五大问题。

（一）城镇化推进的资源环境代价大

目前，中国的城镇化是一种重外延扩张、轻内涵发展的粗放型城镇化，城镇化的快速推进是建立在资源高消耗、“三废”高排放的基础上，耕地资源被过多侵占，水资源危机日益加重，能源矿产消耗急剧增长，主要污染物排放居高不下，城镇化推进的资源环境代价大。2001—2008 年，全国因建设占用减少耕地达 2599 万亩，其中，2008 年为 287.4 万亩，占年内减少耕地总面积的 68.9%。2010 年，中国煤炭、钢、铜、铅、锌、稀土消费量占全球比例均在 40%以上，铁矿石、铜、铝、铅、镍、锰等矿产 40%以上需要进口；中国万元 GDP 能耗分别是世界平均水平的 2.3 倍，OECD 的 4.0 倍，美国的 3.4 倍，日本的 5.5 倍，英国的 6.7 倍。2001—2010 年，中国城镇人口年均增长 3.78%，但煤炭、石油、天然气消费年均增长 8.17%、6.69%、16.14%，分别是前者的 2.16 倍、1.77 倍、4.27 倍。中国城镇化率每提高一个百分点，需要消耗煤炭 87.58 万吨标准煤、石油 21.44 万吨标准煤、天然气 8.08 万吨标准煤、城市建设用地 1283 平方千米。同时，污染物排放迅速增长，城镇环境质量下降。2001—2010 年，全国工业固体废弃物产生量、工业废气排放总量、废水排放总量每年分别以 11.4%、14.2%、4.0%的速度在增长。未来主要污染物的排放总量仍将处于较高水平，已经接近生态环境的最大容量。

（二）城镇化建设过度依赖土地扩张

自“十五”以来，中国城镇建成区和城市建设用地规模迅速扩张，其增速远快于城镇人口的增长速度。2001—2011 年，全国建制市建成区面积和城市建设用地面积分别年均增长 6.23%和 5.96%，县城城市建设用地面积年均增长 5.69%，建制镇建成区面积年均增长 5.81%，而城镇人口年均增长仅有 3.78%。这表明，近年来中国城镇土地扩张与人口增长严重不匹配，土地的城镇化远快于人口的城镇化。从 2000 年到 2011 年，全国城镇建成区人口密度由 0.85 万人/平方千米下降到 0.73 万人/平方千米，人均建成区面积由 117.1 平方米/人增加到 137.3 平方米/人[①]，已远远超过城

① 这里的人口为全国城镇人口，建成区面积为城市、县城和建制镇建成区面积之和。

乡规划法规定的人均80～120平方米的标准，也已达到甚至超过发达国家的水平。从某种程度上讲，近年来中国城镇经济的高速增长主要是依靠土地的“平面扩张”来支撑的。这种“平面式”蔓延扩张，造成了大量耕地被侵占，耕地数量与质量均趋于下降。尽管国家实行严格的耕地“占补平衡”政策，但各类建设项目占用的大多是优质耕地，耕地占优补劣现象较为严重。

（三）城镇化进程中两极化倾向严重

近年来，在中国城镇化的进程中，城镇规模结构严重失调，出现了明显的两极化倾向。一方面，大城市数量和人口比重不断增加，一些特大城市规模急剧膨胀，逼近或超过区域资源环境承载能力，大城市膨胀病凸显；另一方面，中小城市数量和人口比重减少，一些小城市甚至出现相对萎缩态势，城镇体系中缺乏中小城市的有力支撑。如果按城市非农业人口分组，从2000年到2011年，中国50万人以上的大城市数量增加了67座，其城市数量和人口比重分别提高了10.7个和14.7个百分点。尤其是200万人以上的特大城市，在这期间增加了11座，城市人口比重增加了9.2个百分点。相反，20万～50万人的中等城市人口比重减少了6.0个百分点；20万人以下的小城市数量减少了112座，城市数量和人口比重分别下降了15.5个和8.7个百分点（见表1－3）。在这期间，400万人以上的特大城市人口增速高达126.6%，200万～400万人的特大城市增速为82.0%，而20万～50万人的中等城市仅增长16.8%，20万人以下的小城市则下降了21.8%。同时，从2006年到2011年，中国城市新增城区人口的83.9%是依靠50万人以上的大城市吸纳的，其中400万人以上的特大城市吸纳了61.1%；而20万人以下的小城市由于数量减少，城区人口趋于下降，呈不断萎缩的态势。这期间400万人以上的特大城市城区人口增长了23.6%，而20万人以下的小城市则下降了17.3%，呈现出明显的两极化趋势。

表 1－3　中国不同等级规模城市数量和人口比重的变化

城市人口规模	2000 年			2011 年			2000—2011 年变化			
	城市数量（个）	数量比重（%）	人口比重（%）	城市数量（个）	数量比重（%）	人口比重（%）	城市数量（个）	数量比重（百分点）	人口比重（百分点）	人口增长（%）
400 万以上	5	0.7	13.0	10	1.5	20.0	5	0.8	7.0	126.6
200 万～400 万	8	1.2	9.6	14	2.1	11.8	6	0.9	2.2	82.0
100 万～200 万	25	3.7	14.5	39	6.0	16.4	14	2.3	1.9	65.8
50 万～100 万	54	8.0	15.5	96	14.7	19.1	42	6.7	3.6	81.1
20 万～50 万	220	32.6	28.9	245	37.4	22.9	25	4.8	－6.0	16.8
20 万以下	363	53.8	18.5	251	38.3	9.8	－112	－15.5	－8.7	－21.8
合计	675	100.0	100.0	655	100.0	100.0	－20	0	0	47.3

注：城市人口规模按非农业人口分组，人口数为非农业人口数。

［资料来源：根据《中国人口统计年鉴》（2001）和《中国人口与就业统计年鉴》（2012）计算］

（四）农业转移人口市民化进程滞后

中国农业转移人口规模大、市民化程度低，这是中国城镇化的最大特色。2013 年，全国农民工总量已达 2.69 亿，其中外出农民工 1.66 亿。这些外出农民工虽然在城镇就业和居住，但他们并没有真正融入城市，仍然游离在城市体制之外，处于非城非乡的尴尬境地，其生活和消费方式仍保留着农民的习惯和特征。2012 年，中国户籍人口城镇化率仅有 35.29%，比常住人口城镇化率低 17.28 个百分点。这表明，目前统计在城镇人口中的农业转移人口共有 2.34 亿，约占城镇人口的 1/3。这些常住在城镇的农业转移人口虽然被统计为城镇人口，但由于户籍制度等的限制，他们在劳动就业、工资福利、子女就学、社会保障、保障性住房购买等方面仍难以享受城镇居民同等待遇，其市民化程度很低。据估算，2011 年全国农业转移人口市民化程度仅有 39.56%。若按城镇中农业转移人口市民化程度平均为 40%推算，2012 年中国真实的完全城镇化率只有 42.2%，比国家统计局公布的常住人口城镇化率低 10.4 个百分点。也就是说，按照市民化的标准，目前中国城镇化率大约高估了10个百分点。此外，近年来各城市郊区就地转化的农转非居民以及城镇扩区后存在的大量农民，其市民化程度也很低。

（五）各地城镇建设缺乏特色和个性

在推进城镇化的过程中，受财力有限、对地方特色和文化认识不足以及急于求成、急功近利等思想的影响，各地城镇建设“千篇一律”，缺乏特色和个性，城镇质量和品位不高。一方面，许多城市大拆大建，对当地特色文化、文物、标志性建筑和特色村镇保护不力。在城镇改造中，片面追求速度和新潮，忽视传统文化的传承创新，拆除了不少具有文化底蕴、历史故事的“老建筑”、老街区；在新农村规划中，往往模仿城市的功能进行建设，造成具有地方特色的古祠堂、古建筑、古园林、古村落遭到不同程度的破坏，甚至消失殆尽。另一方面，建筑、小区设计崇洋媚外，盲目崇拜模仿外来建筑文化，对民族文化、本土文化不自信，造成城镇建设“千城一面”、文化缺失。

四、新型城镇化建设的目标与方向

针对中国城镇化进程中存在的突出问题，当前亟须加快城镇化战略转型，尽快摆脱剥夺农民、牺牲农业、高度消耗资源、破坏生态环境的传统城镇化老路，积极探索各具特点的新型城镇化模式，坚定不移地走中国特色新型城镇化道路，为建设具有中国特色的社会主义奠定坚实的基础。

（一）中国特色新型城镇化的科学内涵

中共十六大报告明确提出“走中国特色的城镇化道路”，十七大报告将“中国特色城镇化道路”作为“中国特色社会主义道路”的五个基本内容之一；2007年5月温家宝同志又提出“走新型城镇化道路”，2013年中央经济工作会议进一步提出“走集约、智能、绿色、低碳的新型城镇化道路”。这里所讲的“中国特色城镇化道路”和“新型城镇化道路”并非是分割的，而是具有有机联系的整体。“中国特色的城镇化”，既可以是新型的城镇化，也可以是传统的城镇化，只要它具有中国特色；而“新型城镇化”的某些模式和做法，既可能符合中国的国情特点，也可能只适合于某些发达国家和地区，只要它是“新型的”。这样就需要把二者有机结合起来，积极探索具有中国特色的新型城镇化道路。一方面，在探索中国特色城镇化过程中，必须抛弃传统的城镇化理念，以人的城镇化为核心，走新型城镇化之路；另一方面，在探索新型城镇化过程中，必须立足中国国情，从实际出发，体现中国特色，而不能崇洋媚外，照搬照抄国外的模式和做法。

为此，中共十八届三中全会通过的《中共中央关于全面深化改革若干重大问题的决定》明确指出，“坚持走中国特色新型城镇化道路，推进以人为核心的城镇化，推动大中小城市和小城镇协调发展、产业和城镇融合发展，促进城镇化和新农村建设协调推进”。这种具有中国特色的新型城镇化道路，是中国特色的城镇化道路和新型城镇化道路的有机统一，它是一种符合中国国情和科学发展要求，强调以人为本、集约智能、绿色低碳、城乡一体、“四化”同步的新型城镇化道路，是走中国特色社会主义道路的重要组成部分。以人为本是中国特色新型城镇化的核心和本质要求。推进中国特色的新型城镇化，必须坚持以人为核心，以增进人民福祉为目标，把广大人民群众的需要和根本利益贯穿到城镇化建设的全过程和各个领域。集约、智能、绿色、低碳是新型城镇化的重要特征，推进新型城镇化建设就是采取新的模式和方法，促进城镇化向集约、智能、绿色、低碳的方向转型。城乡一体、“四化”同步则是中国特色新型城镇化的基础和重要前提。推进城镇化不单纯是城镇的建设问题，还涉及城乡发展一体化以及工业化、城镇化、信息化、农业现代化相互协调问题。要在城乡一体化和“四化”同步的前提下，有序推进城镇化建设，促进城乡共同发展、共同繁荣。

（二）中国城镇化趋势预测与建设目标

一般说来，城镇化率30％～70％的区间是城镇化的快速推进时期。其中，城镇化率50％是一个重要的转折点。以此为界，30％～50％的区间为加速时期；50%～70%的区间为减速时期。当前，中国城镇化率已越过50%的拐点，今后城镇化的速度将逐步放慢，由加速推进向减速推进转变。然而，由于发展阶段和城镇化水平的差异，未来各地区城镇化趋势将呈现不同的格局。总体上看，东部和东北地区已进入城镇化减速时期，其城镇化速度将逐步放慢；而中西部地区仍处于城镇化加速时期，是中国加快城镇化的主战场。随着中西部城镇化进程的加快，中西部与东部地区间的城镇化率差异将逐步缩小。

未来20年仍将是中国城镇化的快速推进时期。我们采用经验曲线法、经济模型法和联合国城乡人口比增长率法对中国城镇化趋势进行预测，综合考虑三种方法的预测结果，到2020年，中国城镇化率将达到60%左右，根据城市型社会的阶段划分标准，届时中国将进入中级型城市社会；2030年中国的城镇化率将达到68%，预计到2033年前后达到70%，这意味着中国城镇化快速推进的空间还有20年左右的时间，之后中国将进入城镇化缓慢推进的后期阶段；2040年中国的城镇化率预计达到75%左右，将进入高级城市型社会；2050年中国的城镇化率将超过80%，达到81%左右，总体完成城镇化的任务（见表1—4）。相应地，到2020年，中国将新增城镇人口1.26亿，2030年新增城镇人口2.41亿，2050年新增城镇人口3.5亿左右。

表1—4　2020—2050年中国城镇化水平预测

主要指标	2012年	2020年	2030年	2040年	2050年
总人口（亿人）	13.54	13.88	13.93	13.61	12.96
城镇人口（亿人）	7.12	8.37	9.53	10.26	10.58
新增城镇人口（累计，亿人）	—	1.26	2.41	3.12	3.46
城镇化率（综合预测值，%）	52.6	60.3	68.4	75.4	81.6

注：2012年为实际数。综合预测值系采用曲线拟合法、经济模型法、城乡人口比增长率法三种方法预测结果的平均值。

[资料来源：城镇化率预测数据来自高春亮和魏后凯（2013）；总人口预测数据来自United Nations（2011）表A.9中的方案]

在新时期，中国推进城镇化建设具有多重目标。一是城镇化速度保持适度。2013—2030 年，城镇化速度保持在 0.8～1.0 个百分点；2031—2050 年保持在 0.6～0.8 个百分点。二是市民化与城镇化同步。力争在 2025 年前基本解决农业转移人口市民化，实现市民化与城镇化同步推进。三是城镇化格局日趋合理。逐步形成分工明确、功能互补、等级有序的城镇体系和布局合理、集约高效、适度均衡的空间格局，实现大中小城市和小城镇协调发展。四是城镇可持续性全面提升。城镇特色不断凸显，城镇品质日益提高，大幅减少城镇化的资源环境代价，实现低消耗、低排放、高效率、可承载的可持续城镇化目标。力争到 2020 年全国城镇可再生能源消费比重提高到 13%，绿色建筑占新建建筑的比重提高到 50%以上。五是新型城乡关系逐步形成。实现城乡要素自由流动、平等交换和公共资源均衡配置，形成“以城带乡、城乡一体”的新型城乡关系。

（三）推进新型城镇化建设的原则

当前，推进新型城镇化建设应着力把握好以下四个原则：

1. 坚持统筹规划

城镇化是一个漫长的历史过程，涉及城与乡、原居民与新移民、经济、社会与生态环境等方方面面。推进城镇化建设，必须从全局出发进行长远谋划，分阶段稳步推进，切忌急于求成，不顾客观条件搞城镇化“大冒进”，甚至人为造城。要统筹城乡区域发展，促进人口、经济与资源环境承载能力相适应，妥善处理好各方面关系，缓解各种矛盾和冲突。

2. 坚持以人为本

城镇化的核心是人的城镇化。推进城镇化建设，必须坚持以人为本，以增进城乡居民福祉为出发点和落脚点，高度关注民生和社会问题，切实尊重农民的意愿，改变过去那种要“地”不要“人”，要“人手”不要“人口”的做法，加快推进农业转移人口市民化进程，促进城乡居民机会均等和成果共享，走平等、包容、安全的和谐型城镇化之路。

3. 坚持因地制宜

由于发展阶段和条件不同，各地区应因地制宜，积极探索各具特色的城镇化模式。在东部发达地区，要抓好大都市区和城市群建设，提高城市群可持续发展能力，推进区域经济一体化；在中西部落后地区，要重视培育发展中心城市，推进县城和特色镇建设；在农村地区，要着力抓好新型社区建设，引导农民就近转移，实现就地城镇化；在多山地区，要积极探索具有山地特点的新型城镇化，避免搞“削山造城”。

4. 坚持四化同步

以工业化为支撑，以城镇化为载体，以信息化为手段，以农业现代化为基础，把城镇化与工业化、信息化和农业现代化紧密结合起来，实现城镇化与工业化良性互动、与农业现代化相互协调、与信息化深度融合的同步发展格局。推进城镇化绝不能以牺牲耕地、粮食和农业为代价，城市的繁荣不能建立在农村衰落的基础上。推进城镇化建设，既要治理“城市病”，更要治理“农村病”，最终实现城乡共同繁荣。

(四) 推进新型城镇化的基本方向

中国人多地少，耕地资源有限，人均资源占有量少，城乡区域差异大，农民市民化程度低、成本高，面临的障碍多，这是中国的基本国情特点。推进新型城镇化建设，必须立足中国国情，推动城镇化由追求数量向追求质量转变、由粗放型向集约型转变、由城乡分割型向融合共享型转变、由不可持续向可持续发展转变，实现更高质量的健康城镇化目标。

1. 走渐进式城镇化之路

根据资源环境承载能力、城镇公共设施容量、人口吸纳能力和政府财力等，科学确定城镇化的规模，合理把握城镇化的速度和节奏，在确保质量的前提下采取渐进方式积极稳妥地推进。各地城镇化的规模和速度必须保持适度，必须与经济发展水平相适应，与工业化阶段和产业支撑能力相适应，与城镇人口和就业吸纳能力相适应，与城镇公共服务设施容量相适应，与区域资源环境承载能力相适应，防止出现超越承载能力和发展水平的城镇化“大冒进”。拉美国家过度城镇化的教训值得深刻反思。

2. 走集约型城镇化之路

坚持节约资源的基本国策，大力推广城市节能、节材、节水、节地技术，提倡节能节地型建筑，培育节约型生产、生活方式和消费模式，建立高效集约节约利用资源的长效机制，走紧凑节地、高效节约的集约型城镇化道路，减少城镇化过程中的资源消耗，提高城镇资源配置效率。要科学确定各类城镇建设密度，研究制定各项集约指标和建设标准，强调紧凑、集中、高效的城镇建设模式，充分挖掘城镇土地潜力，集约节约利用土地，促使城镇从粗放发展向集约发展转变，形成紧凑、高效的城镇用地格局，建设紧凑型城镇、紧凑型社区、紧凑型园区、紧凑型村庄，防止城市过度蔓延和无序发展。

3. **走多样化城镇化之路**

坚持大中小城市和小城镇协调发展，综合考虑城镇承载能力和人口吸纳能力，合理引导农业人口有序转移，推动形成合理分工、协调发展、等级有序的城镇化规模格局。积极引导城市群有序发展，着力提升其国际竞争能力、自主创新能力和可持续发展能力，使之成为引领全国发展的主导地区和推进城镇化的主体形态；促进大城市产业转型和功能提升，调整优化空间结构，提高其综合承载能力，使之成为吸收新增城镇人口的主渠道；加强中小城市和小城镇基础设施建设，提高公共服务能力和水平，积极培育特色优势产业，不断扩大就业机会，使之成为就近就地城镇化的重要载体。

4. **走可持续城镇化之路**

坚持生态环境保护优先，充分利用自然山体、河流、湖泊、森林、农田等，构建开放的城镇生态廊道和生态网络，积极推广节能环保、绿色低碳技术，加快构筑绿色生产和消费体系，推进生态城市、园林城市、森林城市、环保模范城市和“阳光城市”建设，推动形成与资源环境承载能力相适应的城镇化格局，促进城镇发展与生态环境保护深度融合，走绿色、低碳、环保、宜居的可持续城镇化之路。科学确定开发强度，划定生态红线，合理布局生产空间、生活空间和生态空间，建设可持续宜居的美丽城镇，创造一个生产发展、生活富裕、生态优美的良好人居环境。

5. **走智慧型城镇化之路**

坚持城市建设与智慧系统建设相结合的基本理念，综合利用现代科学技术，积极推动城镇化与信息化深度融合，加快智慧城市、智慧社区、智慧园区建设，完善智慧型产业体系和交通体系，强化城市智慧管理，依靠智能技术和智慧管理破解“城市病”，智慧地推进城镇化建设。要加强顶层设计，制定统一的规范和标准，充分发挥社会和民间资本作用，防止各地盲目跟风、各自为政、贪大求全，大搞形象工程。

6. **走和谐型城镇化之路**

要更加注重保障和改善民生，积极推进各项民生工程建设，加强城市危旧房、城中村、棚户区和边缘区改造，进一步完善城镇安全和社会保障体系，高度关注城市各类弱势群体，制定统一的城市贫困标准和反贫困政策，积极推进和谐拆迁，妥善解决好失地农民就业安置和社会保障问题，有效破解农村留守儿童、留守妇女和留守老人难题，逐步消除城乡和城市内部双重二元结构，真正把和谐发展的理念贯穿到城镇化的全过程和各个领域，切实处理好城镇化进程中各种利益关系，构建一个以平等、公正、共享为特征，不同群体和睦共处、相互包容的新型城镇化格局。

五、推进新型城镇化的战略重点

当前，中国城镇化面临的主要矛盾并非速度不快、水平较低的问题，而是质量不高的问题。未来中国城镇化的推进必须从根本上改变过去那种重速度、轻质量的做法，切实把着力点放在提高城镇化质量上，追求有质量的健康城镇化。全面提高城镇化质量，这是当前推进新型城镇化的核心任务。

（一）推进农业转移人口市民化

城镇化就是变农民为市民的过程，市民化是城镇化的根本。在欧美发达国家，市民化与城镇化基本上是同步推进的，而中国的城镇化与市民化则是分离的、不同步的。据估算，到 2030 年前，全国大约有 3.9 亿农业转移人口需要实现市民化，其中存量部分约 1.9 亿人，增量部分约 2 亿人。推进农业转移人口市民化，既要逐步消化过去长期积累的存量部分，又要同步解决每年新增加的增量部分，任务十分艰巨。目前，中央已经明确提出到 2020 年实现全面建成小康社会目标时，争取基本实现基本公共服务均等化。由于基本公共服务均等化是实现市民化的核心和前提条件，因此，可以考虑在 2025 年前基本解决农业转移人口的市民化，平均每年消化 1400 多万的存量，加上新增农业转移人口，每年共需解决 2500 多万人的市民化。研究表明，全国外出农民工市民化的人均公共成本平均约为 13 万元，其中需要在短期内集中投入的约 2.6 万元。如果按每人一次性投入 2.6 万元计算，每年需要政府负担的大约 6500 亿元，占 2013 年全国公共财政收入的 5.0％。这一比例应该在政府财政可承受的范围之内。因此，从政府财政支出的角度看，在 2025 年前基本解决现有农业转移人口的市民化问题将是有可能的，也是可行的。

推进农业转移人口市民化，必须长短结合、标本兼治、双管齐下。一方面，加快户籍制度改革步伐，尽快解决有条件的农业转移人口进城落户问题。目前，中央已经明确到 2020 年解决约 1 亿进城常住的农业转移人口落户城镇。另一方面，加快推进基本公共服务均等化和城乡社会保障制度接轨，建立农业转移人口市民化的长效机制。从全国看，可以考虑用 10～15 年的时间，分阶段稳步推进农业转移人口市民化进程。近期（到 2015 年），重点是分类剥离现有户籍制度中内含的各种福利，对城镇常住外来人口统一发放居住证，持证人可享受本地基本公共服务和部分公共福利，基本实现基本公共服务城镇常住人口全覆盖。中期（到 2020 年），完全剥离户籍内含的各种权利和福利，逐步建立城乡统一的户籍登记管理制度、基本社会保障制度和均等化的基本公共服务制度，初步形成市民化长效机制，基本实现基本公共服务城乡常住人口全覆盖。远期（到 2030 年），建立完善市民化与城镇化同步推进机制，推动形成全国统一的基本社会保障制度和均等化的基本公共服务制度，在全国范围内实现基本公共服务常住人口全覆盖。由此实现市民化与城镇化的同步推进。

（二）提高城镇可持续发展能力

首先，提升城镇产业支撑能力。推进城镇化需要有产业支撑。在当前加快城镇转型升级的新时期，单纯依靠工业驱动是远远不够的，要实行工业驱动与服务业驱动并举，加快发展高端制造业和生态型高效都市产业，大力发展现代服务业和劳动密集型产业，推动制造业与服务业深度融合，强化城镇化的产业支撑，为新增城镇人口提供稳定充足的就业机会，实现充分就业和安居乐业目标。要实行产业发展与人口集聚并举，以产业集聚带动人口集聚，以人口集聚确定城镇合理规模，构建“人产城”融合一体的新型发展格局。既要防止出现功能单一、缺乏产业支撑的“睡城”，形成“有城无业”现象；又要避免建设无人居住、缺乏人气的“空城”“鬼城”，造成资源浪费。

其次，增强城镇综合承载能力。建立规范的投融资平台和多元化的投融资机制，积极引导外商投资和民间资本进入，加快城镇交通、水电、通信、住宅及教育、科技、文化、卫生、体育、养老等基础设施建设，提高城镇尤其是中小城市和小城镇公共服务能力和水平，增强各级各类城镇对人口的设施承载能力。加强对北京、上海等特大城市的“城市病”治理，建立完善区域大气污染联防联控机制，构建一体化的快速交通体系和安全监控体系，推动中心区人口、产业和功能向周边地区转移扩散，不断优化大都市区空间结构，提升其资源和环境承载能力。

最后，提高城镇土地利用效率。按照“严控增量、盘活存量、优化结构、提升效率”的原则，不断提高城镇建设用地集约化程度，力争到2020年使人均城镇工矿用地面积由目前的142平方米调整到128平方米以内。坚持以人为本的科学发展理念，把人的需要放在首位，按照生产空间集约高效、生活空间宜居适度、生态空间山清水秀的总体要求，以及生活、生态、生产的优先次序，合理确定城市用地结构和比例，调控城市用地价格，并设置各类城市工业用地比重的最高限度。适当增加城市居住用地和生态用地的比例，切实保护耕地、园地、菜地等农业空间，严格执行城市工业用地招拍挂制度，不断提高工业用地效率。

（三）调整优化城镇规模结构

为有效破解城镇化进程中的“两极化”倾向，必须充分发挥各级各类城镇的优势，加强资源整合和分工合作，合理引导农业人口有序转移，推动形成大中小城市与小城镇协调发展的城镇化规模格局。促进大中小城市和小城镇协调发展，核心就是新增城镇人口必须依靠大中小城市与小城镇共同吸纳，而不是单纯依靠大城市或者中小城市和小城镇来吸纳。这样，通过增量调整和存量优化，推动形成科学合理的城镇化规模格局。魏后凯提出，综合考虑资源环境承载能力、城镇公共设施容量、产业支撑能力和农民进城意愿等因素，中国特大城市、大城市、中小城市和建制镇吸纳新增城镇人口的比例由目前的 36∶8∶9∶47，调整到 30∶18∶18∶34 左右比较合适。据此推算，到 2030 年，中国新增 2.41 亿城镇人口中，特大城市将吸纳 0.72 亿，大城市和中小城市分别吸纳 0.43 亿，建制镇吸纳 0.82 亿。大城市仍然是吸纳新增城镇人口的重要载体。

在城市规模政策上，今后应对特大城市人口规模实行差别化控制，适当提高大城市和中小城市吸纳人口的比重，并尽快启动恢复设市工作，逐步把有条件的小城镇设立为建制市。首先，虽然目前 100 万～200 万人的特大城市仍有较大的发展空间，但 200 万～400 万人的特大城市其资源环境承载能力已日益有限，一些 400 万人以上的特大城市已经处于超载状态，而且过大的规模也加剧了其负外部效应。从发展的眼光看，随着收入水平的不断提高，城镇居民将日益向往更多的休闲空间以及良好的生态和生活空间，而不单纯是集约高效的生产空间。因此，要保持宜居适度的生活空间和山清水秀的生态空间，未来 100 万人以上的特大城市吸纳新增城镇人口的能力将日益受限，吸纳的比重将会出现一定程度的下降。其次，由于发展阶段的缘故，50 万～100 万人的大城市集聚效应将会进一步增强，加上一些中小城市升级为大城市，未来大城市吸纳新增城镇人口的能力将大幅提高。再次，随着公共服务水平的提高和产业支撑能力的增强，加上恢复设市工作后大批新建市的进入，未来中小城市吸纳新增城镇人口的能力也将大幅提升。最后，在启动恢复设市工作的前提下，建制镇吸纳新增城镇人口的比重将会出现较大幅度下降，这主要是由于一些符合条件的建制镇转为建制市的结果。

（四）优化城镇化的空间布局

改革开放以来，中国实行了“T”字形的点轴开发战略，形成沿海、沿长江两大经济发展主轴线，培育起了珠江三角洲、长江三角洲和京津冀三大经济核心区。在新的形势下，过去的点轴开发战略已不适应全国一体化和区域协调发展的需要。特别是，在当前沿海地区要素成本不断攀升的情况下，单纯依靠沿海三大核心区已难以支撑中国经济的持续稳定高速增长。2009年，魏后凯提出应在过去的点轴开发的基础上，实行多中心网络开发战略，逐步推动形成高效、均衡、和谐、安全的多中心网络型国土开发与城镇化空间格局。2010年12月印发的《全国主体功能区规划》明确提出，到2020年构建以“两横三纵”为主体的城镇化战略格局，即构建以陆桥通道、沿长江通道为两条横轴，以沿海、京哈京广、包昆通道为三条纵轴，以国家优化开发和重点开发的城镇化地区为主要支撑，以轴线上其他城镇化地区为重要组成部分的城镇化战略格局。

从长远发展看，应在“两横三纵”战略格局的基础上，实行多中心网络开发，构建多中心网络型城镇化格局。所谓“多中心”，就是构建三级城市群体系，使之成为支撑中国经济持续快速发展的重要增长极和吸纳农业转移人口的主要载体。第一级为世界级城市群，包括长三角、珠三角、京津冀和长江中游4个城市群；第二级为国家级城市群，包括山东半岛、辽中南、海峡西岸、哈长、中原、江淮、成渝、关中—天水、兰西、北部湾10个城市群；第三级为区域级城市群，包括冀中南、东陇海、太原、呼包鄂、黔中、滇中、宁夏沿黄、天山北坡和藏中南9个城市群。这些城市群地区将集聚中国城镇人口的60%左右。所谓“网络开发”，就是依托综合交通运输干线，以城市群为载体，以主要中心城市为节点，加快建设一批新的国家级重点开发轴线，推动形成“四横四纵”的网络型城镇化格局（见图1—2）。“四横”指沿长江、陇海—兰新、沪昆、青西（青岛—济南—石家庄—太原—银川—兰州—西宁）4条横向国家级重点开发轴线；“四

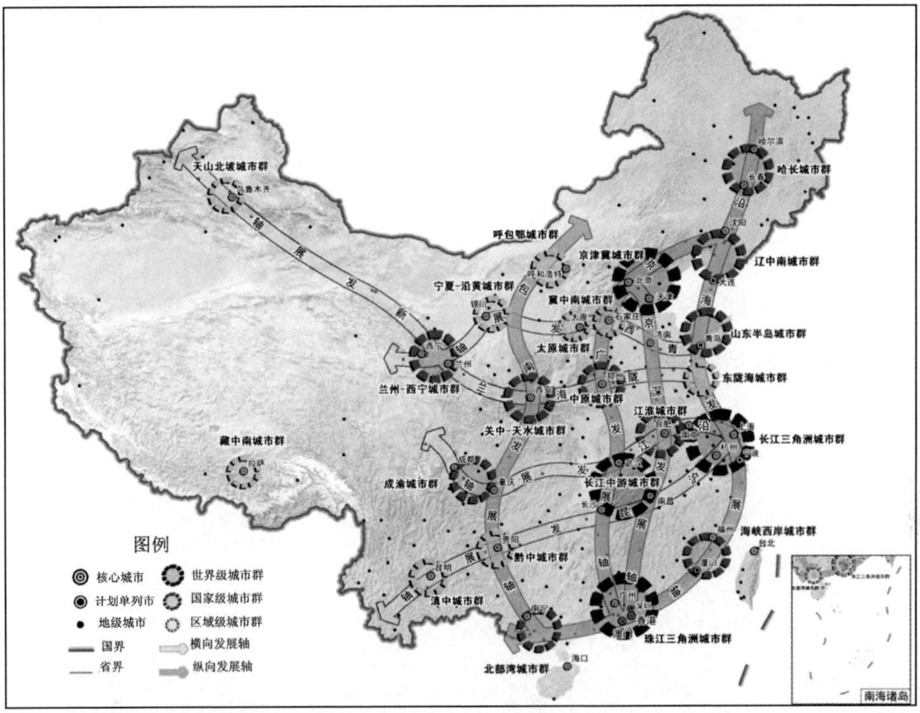

图 1－2　2030 年中国城镇化的空间布局战略

纵”指沿海、京广、京深、包南（包头—西安—重庆—贵阳—南宁）4 条纵向国家级重点开发轴线。如果这种多中心网络型城镇化格局能够形成的话，今后 20 年内中国经济继续保持中高速增长态势将是完全有可能的。

（五）提高城镇建设管理水平

缺乏特色，品位不高，重建设、轻管理，这是当前中国城镇发展面临的普遍问题。随着中国城镇化速度的减缓，今后各地在推进城镇化的过程中，应更加注重城镇特色培育和品质提升，切实提高城镇建设水平，加强城镇现代化管理，建设智能化、人性化、生态化的特色城镇，走特色城镇化之路。一是做好新型城镇化规划。要改变重城轻乡、重大轻小、见物不见人的传统理念，坚持统筹规划、全域规划，妥善处理好城乡关系、大中小城市和小城镇关系、物的城镇化与人的城镇化关系。要创新规划理念，促进城市规划由扩张性规划向限制性规划转变，重点是限定城市边界、优化空间结构、划定生态红线和各种规划控制线，防止城市盲目扩张。二是提高城镇建设水平。各地要从实际出发，实事求是确定城镇定位，切忌贪大求全、好高骛远。要优先发展城市公共交通，加快县城和建制镇供水、供气、环卫、文化、教育等公共设施建设，到2020年100万人以上的特大城市公共交通占机动化出行比例达到60%，城市污水处理率、生活垃圾无害化处理率达到95%，县城达到85%，建制镇达到50%以上。三是突出文化特色。要注重保护和弘扬传统优秀文化，延续城镇历史文脉，塑造城镇精神，增强城镇品牌意识，并把城镇文化和精神融入到城镇规划、景观和建筑设计、开发建设之中，彰显城镇的个性和特色，提升城镇品质，改变“千城一面”“千镇一面”的局面。四是加强城镇管理。要高度重视城镇现代化管理工作，把城镇建设和管理有机结合起来，实现从重建设到建管并举、重在管理的转变。

六、新型城镇化引领城乡一体化

伴随着经济发展和城镇化的推进，国内城乡收入差距通常会经历从扩大到缩小的“倒U形”转变，或者城乡关系从二元分割到一体化发展的转变。譬如，美国城乡居民收入比从19世纪初的1.7倍扩大到1930年的3.0倍，1970年又下降到1.4倍；日本从1950年的1.19倍扩大到1960年的1.44倍，1975年又下降到0.91倍；韩国则从1960年的0.997倍扩大到1970年的1.49倍，1980年又下降到0.96倍。缪尔达尔（2001）将城乡关系的这种演变过程分为六个阶段：一是乡村孕育城市；二是城乡分离；三是城市统治和剥夺乡村、城乡对立；四是城市辐射乡村；五是城市反哺乡村、乡村对城市产生逆向辐射；六是城乡互助共荣与融合。城乡融合和一体化是城乡关系演进的高级阶段。当前，中国人均GDP已超过6000美元，城镇化率超过50%，已经进入到城乡融合和一体化的新阶段。在新时期，推进城乡发展一体化必须以新型城镇化为引领。

第一，新型城镇化强调以人为本，是一种以人为核心的城镇化。推进新型城镇化，必然要求以市民化为核心，消除户籍歧视、城乡歧视和区域歧视，为全体居民提供全覆盖、均等化的基本公共服务，使进城定居常住人口以及农村居民，都能享受到均等化的基本公共服务。在城镇化进程中，要赋予进城农民与城镇居民平等的权益，赋予农民更多的财产权利，农民进城不能以放弃农村的财产权益为代价。这些财产包括农民在农村拥有的住房、宅基地、土地承包经营权、集体资产股份等。随着农村人口向城镇的集中，在以人为核心的新型城镇化格局下，农民的减少以及随之进行的产权交易，将有助于增加农民收入，促进农业规模化经营，刺激农村经济增长，由此破解“三农”问题。从中国的实际情况看，目前城镇化水平较高的地区，其城乡收入差距通常也较低；相反，城镇化水平较低的地区则城乡收入差距较大。城镇化水平与城乡收入差距呈显著的负相关关系，相关系数达－0.66（见图1－3）。这表明，城镇化的推进将有助于破解城乡二元结构。

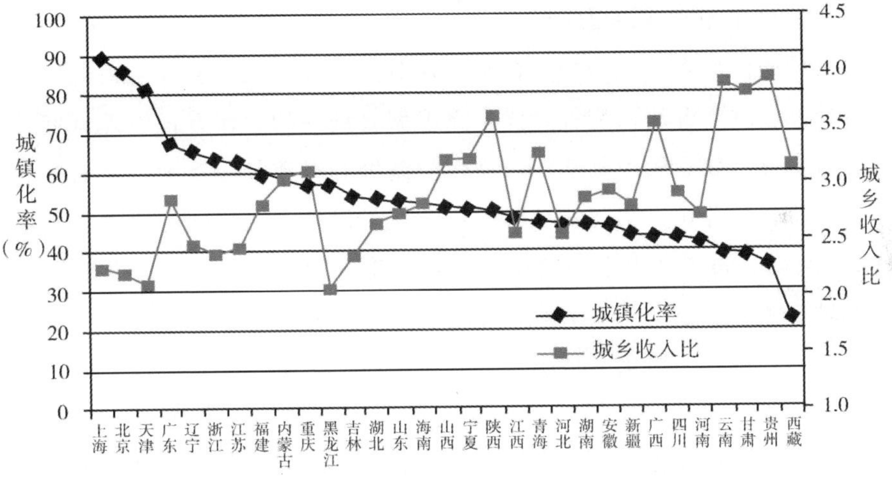

图1－3　2012年各地区城镇化率与城乡收入比的关系

注：城乡收入比为城镇居民人均可支配收入与农村居民人均纯收入之比。
［资料来源：根据《中国统计年鉴》（2013）绘制］

第二，新型城镇化强调以城带乡，是一种城市支持农村的城镇化。早在2008年10月，中共十七届三中全会就提出了“工业反哺农业、城市支持农村和多予少取放活”的方针，十八大又提出构建“以工促农、以城带乡、工农互惠、城乡一体的新型工农、城乡关系”。推进新型城镇化建设，必须坚持以城带乡，彻底抛弃剥夺农民、牺牲农业、忽视农村的城镇化老路，坚定不移地走城市支持农村的城镇化新路。这样就要求充分发挥中心城市的辐射带动作用，更加重视中小城市和小城镇、卫星城、农村新型社区建设，推动农民就地就近实现城镇化，依靠就地城镇化带动新农村建设。只有加快推进新型城镇化，充分发挥城镇对生产要素的集聚和整合功能，才能辐射带动周边农村地区协调发展，在更高的起点上实现以城带乡、城乡互动，提高城乡发展一体化水平。

第三，新型城镇化强调城乡一体，是一种“四化”同步的城镇化。推进新型城镇化，必须坚持城乡一体、“四化”同步，绝不能以耕地大量减少、牺牲粮食和农业为代价，城市的繁荣和增长也不能建立在农村的衰落之基础上。前些年，个别地方提出消灭农村、消灭农业的做法是错误而有害的。农业和农村不仅承担着保障粮食安全和生态功能的重任，而且为城市居民提供了重要的生态和休闲空间。为此，在推进新型城镇化的过程中，必须破除城乡二元结构，打破条块分割，推动城乡要素自由流动、平等交换和公共资源均衡配置，建立完善城乡统一的户籍登记管理制度、土地管理制度、就业管理制度、社会保障制度和行政管理制度，全面推进基本公共服务均等化，实现城乡居民生活质量的等值化。这种建立在城乡一体、“四化”同步基础上的新型城镇化，将有助于促进基本公共服务均等化和城乡差距缩小，从根本上破解城乡二元结构。

当然，城乡一体化不是城乡一样化，在确保基本公共服务均等化、城乡体制机制一体化和生活质量同质化的前提下，城乡发展必须实现差异化。农村作为农业和生态空间，主要是提供农产品和生态产品，也是城市居民的生态休闲空间，应当呈现一幅山清水秀、村容整洁、乡风文明、生活富裕的美丽乡村景象。要通过城乡差异发展实现城市让生活更美好，农村让城市更向往。对于像中国这样一个国土面积较大的国家而言，城镇化水平并非越高越好，它具有一个天花板或者饱和度。根据国际经验并结合中国的国情，中国城镇化率的天花板或者饱和度大约在85%左右。中国不可能像某些城市型小国那样达到100%的城镇化率。即使未来中国农业人口比重下降到10%以下，仍有相当一部分非农业人口因工作需要或对农村的向往而愿意居住在农村。到2050年，中国城镇化率将达到81%左右，接近这一天花板，届时中国的城乡人口结构和空间结构将基本上趋于稳定。

第二章

城乡一体化的内涵和进展

城乡一体化的理论流派和内涵界定

城乡一体化的特征和主要内容

城乡一体化提出的背景

中国城乡一体化的进程

推进城乡一体化面临的障碍

中国正在进入全面破除城乡二元结构，推动信息化和工业化深度融合、工业化和城镇化良性互动、城镇化和农业现代化相互协调，形成城乡经济社会发展一体化格局的新时期。推进城乡经济社会发展一体化，消除城乡发展一体化的制度障碍，构建新型城乡工农关系，是新时期中国经济社会发展的主要任务。

一、城乡一体化的理论流派和内涵界定

（一）有关城乡一体化的理论流派

由于学科背景和研究出发点的差异，不同学者从各自的研究领域出发，对城乡发展一体化进行了深入探讨，形成了有关城乡一体化的不同理论流派。

1. 发展经济学中的城乡一体化理论

第二次世界大战结束以来，在发展中国家要不要实行城乡发展一体化上，一度被发展中国家奉为“圣经”的发展经济学派，曾进行过激烈的讨论。在学者刘易斯（Lewis）看来，发展中国家存在的二元经济结构在客观上要求城乡采取不平衡发展战略。因此，刘易斯认为，发展中国家现代化的过程就是落后、效率低下的农业生产部门向高效率的现代生产部门转换，凋敝的村庄向繁荣的现代城市转变的过程，而且在这一转换过程中，起主导作用的是高效率的现代生产部门和繁荣的现代城市。

与刘易斯城市主导农村、工业主导农业的城乡不平衡发展理论不同，拉尼斯和费景汉（Ranis and Fei）认为，为了保证工业化和城镇化的顺利推进，必须重视农业发展，重视农业劳动生产率的提高，以释放更多的劳动力和提供更多的农产品。因此，保持工业部门和农业部门协调发展，对不发达国家的经济发展和转型很重要。乔根森（Jorgenson）认为，技术进步影响了农村剩余劳动力的规模和转移的速度，技术进步可以生产更多的剩余农产品，释放更多的劳动力，从而促进工业部门的生产，只要农业部门的这种剩余是递增的，工业部门的增长也是可持续的。同时，由于工业部门的扩张和技术提升引起的劳动生产率增长，总是快于农业部门，导致工业部门的工资高于农业部门的工资，从而继续吸引农村剩余劳动力，直至农村剩余劳动力为零，由此建立了以技术进步为主要特征的城乡发展一体化理论。

以钱纳里等为代表的结构转换学派也认为，经济发展尤其是二元结构向一元结构转换，不仅工业化和城镇化要有序和协调推进，而且就业结构和产业结构也会发生有规律的变化。即在一个以农业为主的国家，其经济发展过程中，随着产业由农业转向制造业、继而转向以服务业发展为主，农业产值和就业份额出现双下降，资源要素向城市集中，工业就业的比重和城市人口的比重会逐渐上升，城镇化水平与工业化水平应该表现出同步提高。

2. 区域经济学中的城乡一体化理论

早期的区域经济学关于城乡发展一体化的理论，突出了城乡两个区域之间的“极化”发展关系，并认为这是市场发展的结果，没有必要通过政府行为来纠正。但是，后来的学者通过对发展中国家的深入研究和分析，尤其是看到发展中国家区域发展差距对整体经济发展带来的负面影响后，不仅强调政府在缩小区域发展差距上的作用，更是提出了区域发展一体化的思想。缪尔达尔（Myrdal）对不发达国家经济发展进行考察后，在1957年撰写了《经济理论和不发达地区》一书。书中指出：为了避免出现地区发展上的两极分化，合适的政府职能是相当重要的，政府必须制定政策，合理分配城乡的资源，避免城乡分割。对此，德国地理学家克里斯塔勒于2010年提出，一个国家要想在全国范围内取得广泛的经济增长，就需要在国家范围内建立起一个一体化的聚落系统。在克里斯塔勒看来，这个全国性的聚落系统既包括城市也包括农村。在聚落系统中可以实现城市与农村，工业与农业的产品和服务相互交换，从而推动全国性的市场交易顺利发展。建立一体化的区域发展系统，可以抑制地区间及城乡之间两极分化现象的出现与扩大。区域发展一体化理论更强调的是城市与农村、工业与农业的协调互促发展关系。

3. 产业经济学中的城乡一体化理论

从产业发展的角度看，不仅马克思主义经济学对城乡发展一体化进行过理论论述，如恩格斯在《共产主义原理》中提出了城乡融合的概念，其基本思想是消除产业不同带来的城乡就业对立，人口空间上分布的不均衡，以及由城乡对立产生的城乡福利差异，而且古典经济学和新古典经济学都对城乡发展一体化有过较为系统的论述。在古典经济学中最早对城乡发展一体化进行研究的是李嘉图，他在《政治经济学及赋税原理》中，系统地对农业与工业、农村与城市发展问题进行了研究，认为两者之间存在着相互协调和促进的关系，后来的城乡发展一体化理论都是在其研究基础上不断深化与延续。在新古典经济学中最有代表性的当属美国学者库茨涅兹。1955 年，库茨涅兹（Kuznets）通过对发达国家经济发展过程中农业、工业和第三产业部门的变化关系，以及这种变化关系对不同部门的就业与收入的影响进行了统计学意义上的分析与研究。在他发表的《经济增长与收入不均等》一文中指出，国民经济三次产业产值、就业结构之间存在结构性的协调关系，由此提出了国民经济三次产业之间产值变化、就业变化和收入变化的“库茨涅兹效应”（Kuznets effect）。实际上库茨涅兹提出的国民经济三次产业部门的产值、就业和收入的结构性变化关系，就是城乡发展一体化在国民经济三次产业发展上的直接反映。

4. **城市经济学中的城乡一体化理论**

克鲁格曼的中心—外围理论在城市经济学的城乡一体化理论中具有代表性。克鲁格曼（Krugman）认为，在市场经济背景下的商品、资本、人员、技术等要素完全以自由的方式流动，它们首先是向具有极化效应的地区流动，因而使这些地区发展得更快，更繁荣。相反，不具有极化效应的地区发展更慢、更落后，由此出现了经济发展上的地区差异。在这一发展过程中，工业部门和城市处于经济区域的中心或者核心地带，并起着主导经济发展的作用。农业部门和农村处在经济区域的边缘，从属于中心地带的工业部门和城市，并由此形成不对等的发展关系。相关产业集聚、可靠的基础设施、无障碍市场以及高额的市场回报，不仅促使“核心—外围”经济形成，而且随之而来的也形成了中心主导外围的城乡不平衡发展。无论是刘易斯关于工业主导农业、城市主导农村的城乡不平衡发展的观点，还是克鲁格曼的中心—外围理论，对发展中国家的城乡一体化实践都产生了重要影响。

5. 生态经济学中的城乡一体化理论

资源流动和集聚很大程度地改变了城乡土地利用、水源供给和空气质量等。伴随城市发展而变化的土地利用方式导致自然资源消耗的增加。城市发展也带来水资源过度开发。城市水资源短缺导致对周边地区水源供应的依赖。城市发展对农村环境的另外一个影响是城市垃圾堆放和污染。因此，从生态环境治理、保护和发展的角度看，城乡发展一体化是一个合作共治、互促发展的关系。这在埃比尼泽·霍华德的《明日田园城市》一书中得到了充分体现。他在该书中指出，未来的城乡关系应放在一个大的生态系统或环境系统下来构建。未来城市的发展是田园式的，城乡实现了大融合。按照霍华德的观点，城市的发展不是要把乡村排斥在城市之外，而是将乡村纳入城市之中，这是一种倡导城市与农村自然和谐、共生一体的哲学理念。

（二）城乡发展一体化的内涵界定

对于什么是城乡发展一体化，或者说城乡发展一体化的内涵是什么，国内学者从各自研究领域和视角进行了深入探讨。较有代表性的观点主要有以下三种：

1. 系统发展论

城市是指由非农产业和非农业人口集聚形成的较大居民点，包括按国家行政建制设立的市、镇。乡村即农村是指以从事农业生产为主的农业人口聚居的地方。城市在产业聚集、人口就业、生活条件和生态环境上形成了完全与农村不一样的经济系统、社会系统和生态系统。张忠法从系统论的角度来定义城乡一体化。他认为城乡一体化是城市带动农村经济全面发展，在有序职能分工和有机协作的条件下，共同构成区域性、网络状的城乡一体化复合社会系统，并使系统内的配置和运行不断向新农村倾斜和服务。其中，重点是搞好社会经济职能、产业结构和产业布局的一体化，城乡居民点体系与基础建设的一体化，城乡生产要素流动的优化配置的一体化，城乡社会经济运行机制及保障体系的一体化，以及城乡生态环境系统建设的一体化等。

2. **要素融合论**

白永秀等学者从生产要素和公共资源配置的角度来定义城乡发展一体化的内涵。他们认为城乡发展一体化是指生产要素在城乡之间的自由流动、公共资源在城乡之间的均衡配置以及城乡空间、经济、社会、生态环境的高度融合，城乡差距的不断缩小，最终实现城乡资源配置效率的提高与城乡协同发展。持相同观点的还有陈锡文，他认为城乡发展一体化是指城乡要素平等交换和公共资源均衡配置的一体化。实现城乡基本公共服务均等化，要通过体制机制创新，着重解决农村土地征用中农民补偿过低、农民工同工不同酬、农村金融服务不到位、农民福利待遇和保障水平与城镇居民有很大差距的问题。

3. **失衡纠正论**

郭建军认为，目前中国城乡社会经济发展面临着诸多问题和挑战，突出反映在经济、政治、文化和社会发展上的城乡不和谐。因此，城乡统筹就是要解决这些不和谐关系产生的问题。马晓河对此持肯定的态度。他认为，20 世纪 90 年代以来，中国在体制转换和经济结构变动过程中，城乡之间积累了一些矛盾，导致城乡差距越来越大，经济社会发展严重失衡，城乡统筹就是要解决这些失衡的矛盾与问题。

当然，还有很多学者对城乡发展一体化的内涵进行了界定。归纳起来可以概括为：城乡发展一体化是一种发展模式，这种发展模式把城市与农村作为一个整体看待，通过市场化的改革，促进城乡生产要素和公共资源的合理配置，推动城乡经济社会发展和生态环境建设的一体化，实现城乡居民的同等国民待遇，使城乡经济、社会和生态建设走上全面协调可持续发展之路。

综上所述，我们认为，城市与农村虽然是两个完全不同、各具特色的系统，但这两个系统并不是相互独立和隔离的。无论是城市还是农村，都是开放的系统。由于生产要素、经济社会、人民生活和生态环境上的联系，城市与农村是一个相互开放、融合互动、依赖共生、互促发展的有机整体。城乡发展一体化就是从和谐共生的角度，把城市与农村作为一个有机整体统筹规划建设，通过城乡要素平等交换和公共资源均衡配置，推动城乡经济社会发展和生态环境建设一体化，构建城乡互促共荣、和谐共生的一体化发展新格局。

二、城乡一体化的特征和主要内容

（一）城乡一体化的特征

城乡一体化是经济社会发展到一定阶段的产物，它具有十分丰富的内涵。城乡开放、城乡融合、城乡一体和城乡共享是城乡一体化的四个基本特征。

1. **城乡开放**

打破城乡界限，实行城乡开放互通，全面开放城市，使城乡居民和城乡劳动力、资金、技术等生产要素都能自由迁徙和自由流动，是推进城乡融合发展和一体化的前提条件。这种城乡开放是双向的，既包括城市对农村的全面开放，也包括农村对城市的全面开放。通过城乡双向全面开放，逐步形成城市和农村互为市场、互为依托、相互联系、相互促进的互动局面，实现城乡之间劳动力、资金、技术、信息、生产资料、科技文化等社会经济要素的顺畅交流。为此，需要构建城乡通开的统一制度，包括土地、户籍、就业、资本市场等制度，打破城乡之间的各种人为篱笆和制度障碍，促进城乡人口、商品和要素自由流动。

2. **城乡融合**

城乡开放是城乡融合的基础和前提，而城乡融合则是城乡开放的必然结果。从领域上看，城乡融合包括城乡经济融合、城乡社会融合和城乡生态融合。其中，城乡经济融合是城乡融合的关键内容，主要是通过城乡间现代工业产业链条、资源产业链条、现代服务业网络以及农业产业化等方面的建设，实现城乡间经济互动和顺畅交流，其核心是城乡产业融合互动。从内容上看，城乡融合则包括城乡居民融合、城乡市场融合、城乡要素融合和城乡空间融合等诸多方面。特别是，城乡居民融合要求消除城乡居民的身份差别，建立城乡统一的户籍登记管理制度，实现城乡居民的自由迁徙和双向流动。这种多领域全方位的城乡融合，是城乡发展一体化的重要特征。

3. **城乡一体**

除了要求城乡开放和城乡融合外，还需要在此基础上，推动形成城乡一体的发展格局。这里所讲的城乡一体，是指城市与农村形成一个有机的整体，它是城乡开放和融合互动的结果。这样就要求在理念上，抛弃过去那种“重城轻乡”的做法，彻底改变城市偏向的政策，把农村与城市放在同等重要的位置上，坚持“多予、少取、放活”，赋予农村居民与城市居民同等的权利，同时制定城乡一体的政策体系，完善城乡一体发展的体制机制，推动形成城乡一体的基础设施和公共服务网络，构建城乡一体的经济社会发展格局。

4. **城乡共享**

推进城乡发展一体化，其根本目的就是要在坚持城乡地位平等的基础上，通过资源共享、发展机会共享、公共服务共享和发展成果共享，逐步缩小城乡差距，实现城乡的共同繁荣与进步。这种城乡共享发展，既是中国特色社会主义的根本要求，也是城乡发展一体化的重要特征。为此，必须彻底破除城乡分割的二元经济社会体制，取消城乡之间的种种不平等待遇，尤其要取消对进城农民的各种歧视和不公，使城乡居民和城乡各类经济主体都能享受公平的国民待遇，拥有平等的权利义务和发展机会，能够公平地分享改革发展的成果。

（二）城乡一体化的主要内容

针对二元结构给中国经济社会发展造成的诸多负面影响，以及当前转变经济发展方式、调整经济结构的需要，城乡发展一体化的内容主要有以下三个方面：

1. 建立城乡经济社会发展一体化体制机制

建立城乡经济社会发展一体化体制机制，首先必须加大经济体制改革力度，破除城乡二元结构体制机制，以及在这种体制机制下形成的利益集团障碍。其次是建立并完善社会主义市场经济制度，它是保障城乡发展一体化的根本性制度。最后是建立和完善城乡一体的经济建设、社会发展、公共服务、生态文明、社会管理等诸多领域的体制机制，确保城乡经济社会一体化发展，确保城乡居民共同享受发展带来的红利成果。

2. 建立城乡经济社会协调发展新格局

建立城乡经济社会协调发展新格局包括：

一是建立城乡经济发展一体化新格局。经济建设是城乡发展一体化的重要内容，也是社会发展、公共服务和生态文明建设的基础。城乡经济发展一体化新格局建设的主要内容是，促进工业与农业，城市与农村，工业化、城镇化和农业现代化的良性互动，推动城乡经济发展的深度融合；大力推进农业产业化发展，加快构建新型农业经营体系；打破人口、劳动力、资金、技术、商品、信息流动的城乡壁垒，建立城乡一体的生产要素市场，促进生产要素的城乡合理配置，形成以工促农、以城带乡的发展新格局。

二是建立城乡社会发展一体化新格局。其主要内容是，改革目前社会事业按城乡划分进行投入、建设、运行和管理的发展模式，建立城乡一体化的社会事业建设、运行和管理体制，当前重点是加强农村义务教育、新型合作医疗、大病统筹、社会救助、养老和最低生活保障等建设，并根据国家经济发展情况，在社会救助、最低生活保障、养老等标准方面实现城乡接轨，缩小城乡社会事业发展差距，使城乡居民真正实现学有所教、病有所医、老有所养、住有所居。

三是建立城乡公共服务一体化新格局。其主要内容是，建立城乡一体的公共服务财政投入体制机制，尤其要加大对农村公共服务投入的比重，确保城乡公共服务发展的需要；加快农村公共服务基础设施建设，提高农村公共服务能力和水平；加强农村疾病预防和控制体系建设，提升重大疾病和突发疫情防治能力；建立并完善农村居民健康体检制度，提高农村居民身体素质，让农村居民也能像城市居民那样享受到同等数量和质量的公共服务。

四是建立城乡生态建设一体化新格局。尽管城市和农村的生态系统具有不同特点和相对独立性，但城乡生态系统都属于一个大系统之下的子系统，两者相互依赖、相互影响。构建城乡生态建设一体化新格局，就是打破城乡界限，建立城乡一体的生态环境治理投入机制，当前尤其要加强农村居民生活公用设施建设投入以及土壤、水和大气污染治理投入，扭转农村生态环境恶化的局面；建立城乡一体的生态防治体系，防止城乡经济发展和居民生活产生的废弃物、有害气体、工业垃圾、生活垃圾和污水排放引发的重大生态灾害现象发生。

3. 塑造新型城乡工农关系

特定发展方式下形成的城乡工农发展关系，将随着发展方式的转变而改变。二元结构向城乡一体发展方式的转变，要求建立新型的城乡工农关系。因此，新型城乡工农关系的塑造，也成为城乡发展一体化的重要内容之一。塑造新型城乡工农关系的内容是：建立并完善农业生产支持体制机制，建立最低农产品保护和农业生产资料价格补贴机制，保护农业生产者利益，防止农业生产大起大落；打破城乡壁垒，形成工业化、城镇化和农业现代化发展的良性互动，在工业化和城镇化的带动下，推进农业生产的适度规模集中，发展现代农业；赋予农民更多财产权利，让农民成为有资产的农民；在确保农民对土地基本权利的基础上，推进城乡土地要素的平等交换，最终形成工业反哺农业，城市带动农村，城乡互惠发展的新型城乡工农关系。

三、城乡一体化提出的背景

经过改革开放30多年的发展，中国不仅解决了13亿多人口的温饱问题，而且还成功地实现了从人均国民收入低水平国家行列，向人均国民收入中等国家行列的跨越。即使这样，经济社会发展领域中的深层次问题，如城乡二元结构问题，不仅没有根本破除，相反还在对当前中国经济社会发展产生重要影响，主要表现在以下几个方面：

（一）城乡发展差距依然突出

居民人均收入和消费支出水平是衡量经济发展的重要指标。中国城乡居民收入差距一直较大。改革开放初期，中国城乡居民收入差距曾经一度缩小，但1985年以后城乡居民收入差距又呈现扩大趋势。1985年城镇居民人均可支配收入是农村居民人均纯收入的1.86倍，1994年扩大到2.86倍，2008年达到3.32倍，绝对差距首次超过1万元。2012年，城乡居民人均收入之比为3.10∶1，虽略有下降但仍然维持在3倍水平以上（见图2—1），城乡居民收入的绝对差距则继续扩大到16648.1元。城乡居民收入差距扩大，直接导致城乡居民拥有财富差距的扩大。

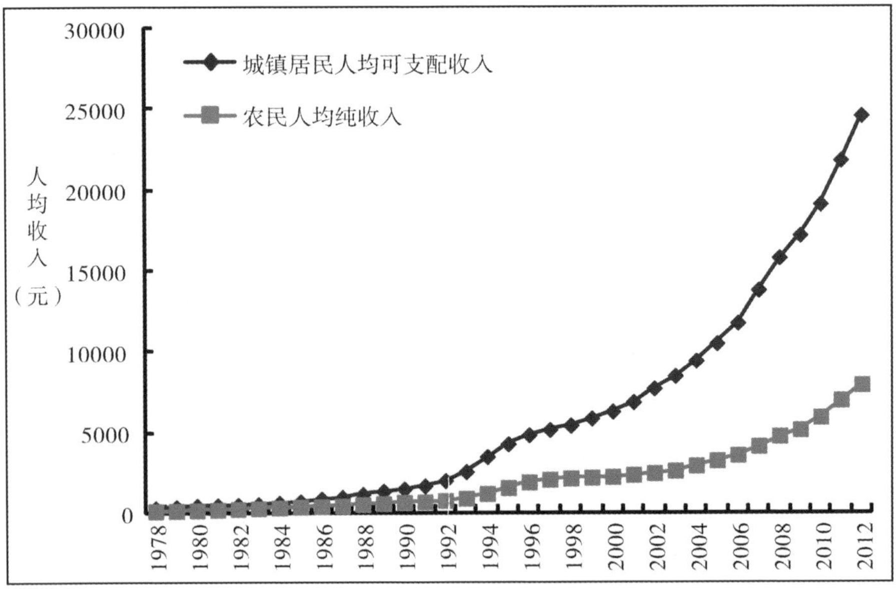

图2—1 1978—2012年中国城乡居民人均收入变化

［数据来源：根据《中国统计年鉴》（各年度）绘制］

受城乡居民人均收入差距的影响，城乡居民之间的消费支出水平和消费结构也存在较大差异。城乡居民之间人均消费性支出差距，由1990年的694元扩大到2008年的7582元，继而扩大到2012年的10766元。此外，农村居民家庭恩格尔系数较高，2012年为39.3%，高于城镇居民家庭恩格尔系数3.1个百分点。农村消费结构还处于初级的“生理需求”阶段，农村整体生活水平远低于城镇。

（二）城乡二元结构依然严重

城乡二元结构依然严重，突出体现在城乡社会事业、公共服务和基础设施建设发展差距上。

第一，教育文化和卫生发展差距突出。与城市相比，农村教育发展水平严重滞后。2000年以来，各级政府加大了对农村义务教育的投入，农村义务教育阶段的生均办公经费和各种教学设施投入有明显增长，在全国义务教育支出中农村所占比重不断上升。农村公共事业发展课题组在调研中发现，2005—2009年，农村小学教育经费收入年均增长20.08%，生均教育经费支出年均增长25.16%，生均预算内教育经费支出年均增长27.68%；农村初中教育经费收入年均增长25.43%，生均教育经费支出年均增长29.06%，生均预算内教育经费支出年均增长33.33%。农村中小学生均教育经费支出快速增加，说明农村义务教育发展在投入方面有了可喜进步，但农村义务教育与城镇义务教育存在的发展差距依然没有消除，尤其表现在以教师队伍为代表的软实力建设方面。一方面农村教师因工资收入低、待遇差，总想着往城镇调动，导致素质较高的农村教师流失严重；另一方面农村教师队伍素质原本就比城镇教师队伍低，目前尚有24万名农村教师的文化素质没有达到国家要求的标准，加上还有37万名代课型教师，这部分人的文化素质一般较低，他们提升教学能力的机会有限，虽然同是义务教育，但教学质量城乡差别很大。

文化事业发展方面，农村与城市相比，文化投入和发展水平之间的差距也十分巨大。农村居民不仅消费水平低，而且消费内容和结构单一。由于农村公共文化设施建设滞后，例如乡镇文化站、文化馆、图书馆和图书室建设滞后，或者建成后因缺少经费，在城市轰轰烈烈开展的群众性文化活动，在农村则很少能够开展，有的甚至还是空白。所以在农村很多地方，看电视、打麻将或者打牌成为广大农民主要和基本的文化活动内容。

卫生事业发展方面，城乡卫生发展不协调，主要表现在城镇居民卫生保障体制健全，不仅有较好的公共卫生服务设施和较全面的医疗服务体系，而且集中了优质的医疗卫生资源，可以提供高质量的公共卫生服务。与城市相比，农村在公共卫生体制和基础设施服务建设方面，虽然比过去有了长足的进步与发展，建立了新型农村合作医疗，加强了村级卫生室和乡镇卫生院建设，实行了基本药物制度，缓解了农村看病难、难看病、看病贵等问题，但在医疗卫生服务质量、水平和可及性等方面与城镇的差距并未有实质性的缩小，尤其在疾病预防、健康保健、环境卫生等公共卫生服务方面的建设与发展，远远落后于城镇。例如城镇居民已经建立起了完备的定期健康体检制度，可以实现定期健康体检。但对绝大多数农村居民来说，实行定期健康体检还是一种“奢望”。

第二，社会保障城乡水平差距较大。改革开放以来，经过各级政府的不断努力，中国农村居民基本社会保障体系建设、社会保障覆盖面、社会保障水平与以往相比，都取得了较为显著的发展和提高。但城镇居民的社会保障，无论从社会保障的覆盖面和保障水平看，都要远远高于农村居民。一方面，城镇养老、医疗、失业、工伤等各项基本社会保障起步早于农村，已经初步建立了相对完善的体制和机制。另一方面，农村基本社会保障体制仍在探索中前进，社会保障城乡有别，存在明显的不公平性。以城乡居民最低生活保障为例，2012 年全国城市居民最低生活保障月平均标准为 330.1 元/人，最低生活保障月人均补助水平为 239.1 元；而农村居民最低生活保障月平均标准为 172.3 元/人，最低生活保障月人均补助水平只有 104 元。城市居民最低生活保障月人均补助水平是农村的 2.3 倍。

在就业保障方面，受城乡分割的二元体制影响，城乡居民在就业政策、就业服务、就业投入、就业管理等方面，也存在较大的不公平和差异。一是突出表现在针对户籍制度实行的就业政策依然发挥作用，比如，依据城乡户籍来制定招工条件，城市户籍劳动力比农村户籍劳动力在招工方面有优先权；二是在用工方面农民工的就业弱势地位尚未得到根本改变，同工不同酬，在一些地方的建筑行业，农民工的工资、福利待遇只有城市工人的2/3甚至1/2，而且工资被拖欠情况相当严重；三是农村户籍劳动力的用工保险权益受到侵害，多数情况下缺少制度性的用工保险，出了工伤事故，或者失业后得不到应有补偿，只能自己承担。

第三，城乡公共基础设施差距明显。二元发展格局下城乡公共基础设施建设实行两种截然不同的制度：城市基础设施建设主要靠国家财政投资，农村基础设施建设，如道路、供电、供水、供气、通信等基础设施建设，在很长一段时间内主要依靠农村人民公社组织或者村庄集体经济组织投资建设，国家只给予适当的补助。这种制度安排直接导致城市的基础设施建设越来越好，而农村因为财政能力和建设资金不足，基础设施越来越落后于城市。

（三）工农发展关系失衡

工农发展关系失衡主要表现为城镇化、工业化和农业现代化三者之间关系的不协调。按照工业化国家城镇化的一般规律，城镇化进程一般与工业化进程呈正相关性，并且两者的差距一般不超过10个百分点。改革开放以来，中国的城镇化水平虽然有很大提高，但与相同发展水平的国家相比仍有差距，而且市民化进程缓慢。2012年，中国按常住人口计算的城镇化率为52.57%。从城镇化与工业化的关系来看，中国的城镇化进程明显滞后于工业化进程。我们用国民经济三次产业中非农产业增加值比重代表工业化率，2012年中国非农产业增加值比重达到89.9%，超过城镇化率37.2个百分点，远高于国际经验的平均差距水平。这表明，在中国工业化快速推进的同时，第一产业就业劳动力没有同步向城镇转移，农村人口数量没有出现同步快速减少（见图2—2）。

导致中国城镇化滞后于工业化的重要原因是工农关系失衡。工农业二元结构强度是指农业与非农业间的人均GDP相对差距，其大小可以反映工农业关系是否协调。根据美国学者库茨涅兹的统计研究，除中国外的发展中国家和地区，反映工农关系的工农业二元结构强度最大为4.09倍。在1978—2008年的绝大多数年份，中国工农业二元结构强度呈现出波浪式变

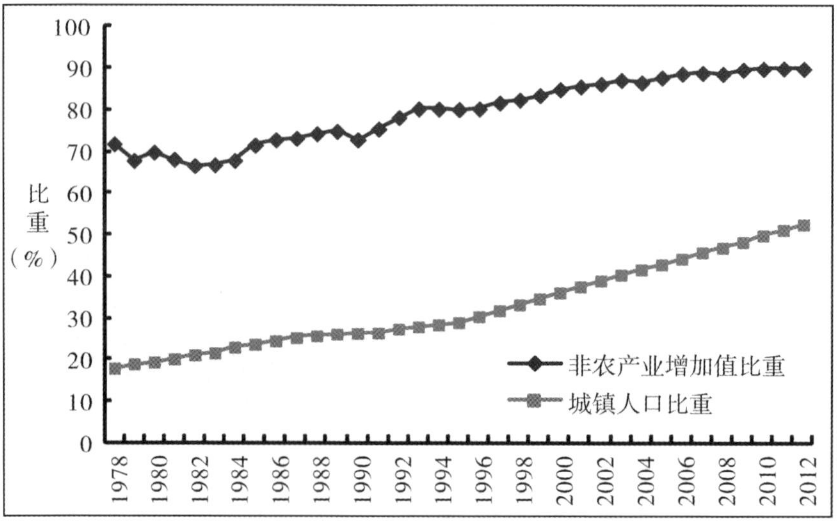

图 2－2　1978—2012 年中国非农产业增加值比重和城镇化率变化

［数据来源：根据《中国统计年鉴》（各年度）绘制］

化，基本趋势是先降后升，然后再降，而且除 1984 年和 1990 年外，其数值都高于 4.09 倍的发展中国家平均水平（见图 2－3）。

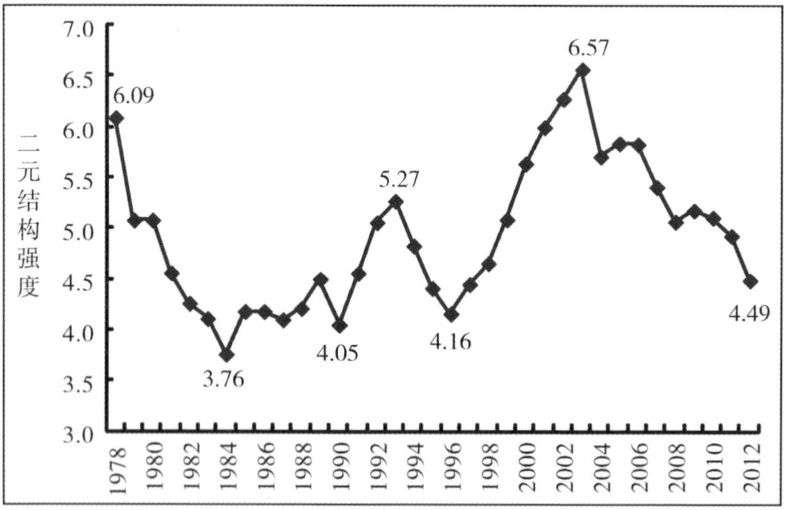

图 2－3　1978—2012 年中国工农业二元结构强度

［资料来源：根据《中国统计年鉴》（各年度）绘制］

(四) 城乡发展关系失衡

城乡发展关系失衡，主要表现在以下两个方面：

第一，城乡固定资产投资失衡。固定资产投资是推动发展的基础，城乡固定资产投资失衡，城乡发展一定失衡。国家统计局从1995年开始提供城乡的固定资产投资数据。根据国家统计局公布的数据，1995年中国全社会固定资产投资20019.3亿元，其中农村4375.6亿元，城镇15643.7亿元，农村固定资产投资所占比重为21.9%。2010年，农村固定资产投资的绝对额在不断增长，达到39961亿元，比1995年增长了8.13倍，但其占全社会固定资产投资的比重却下降到13%，下降了8.9个百分点。同期，城镇固定资产投资所占比重则从78.1%上升到87%。2012年，农村固定资产投资达到47546.4亿元，比2010年增长了18.98%，但其在全社会固定资产投资中的比重却下降到12.7%，比2010年下降了0.3个百分点（见图2—4）。[①] 城乡固定资产投资失衡，反映出城乡发展关系失衡，这背后起作用的是城乡二元结构体制机制。

第二，国民收入与分配关系失衡。在国民收入分配关系中，国民收入分配向城镇居民倾斜，农村居民处在比城市居民更加不利的位置上。从支出法国内生产总值的构成来看，农村地区在国内生产总值中的相应份额更低一些。在支出法国内生产总值中，国家统计局提供了城乡居民的最终消费份额，如果我们用城乡固定资产投资比例对固定资本形成总额进行城乡分割，就可以将支出法国内生产总值的固定资本形成与居民最终消费部分分割成城乡两块。[②] 虽然余下的政府消费、存货增加和净

---

① 国家统计局在2010年后不再发布城乡固定资产投资数据。2011年和2012年城乡固定资产投资数据，来自中国社会科学院农村发展研究所和国家统计局农村社会经济调查司（2013）。

② 历年固定资产投资总额与固定资本形成总额的差额不大，且比率关系较为稳定。

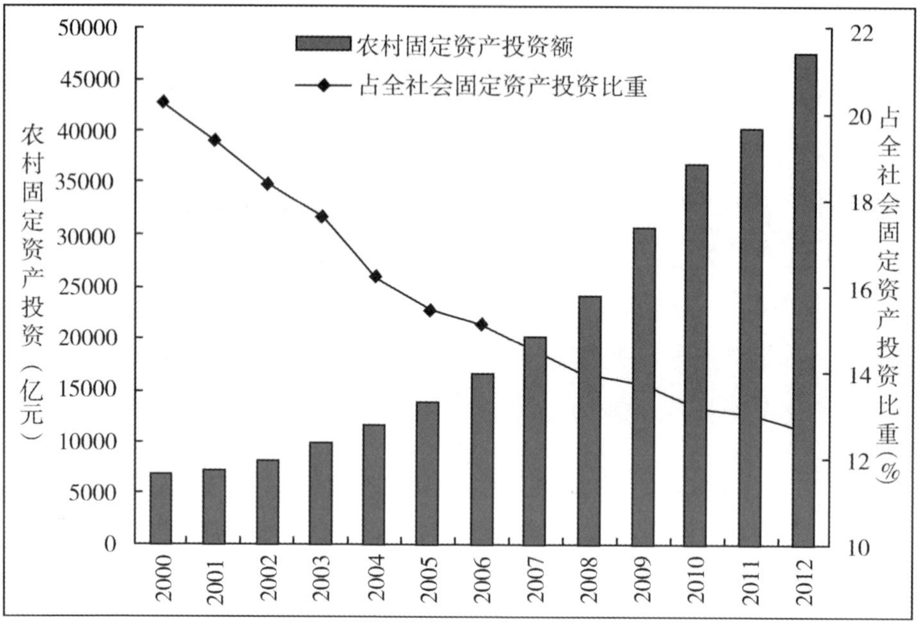

图 2－4　中国农村固定资产投资及其占全社会固定资产投资比重

［资料来源：根据《中国统计年鉴》（各年度）以及中国社会科学院农村发展研究所和国家统计局农村社会经济调查司（2013）绘制］

出口部分无法进一步进行城乡分割，但这三部分在国内生产总值中所占的份额并不太大。

1995 年以来，农村居民消费占国内生产总值的份额持续下降，由 1995 年的 17.8％降到 2011 年的 8.0％；农村固定资本形成占国内生产总值的份额近年来也有缓慢下降趋势，2011 年仅占 5.9％。相比之下，城镇居民最终消费份额近两年虽也有所下降，但仍稳定在较高水平，2011 年城镇居民最终消费份额为 27.4％。另外，投资推动式的经济增长方式使得近年来城镇固定资本形成份额一直维持较高水平，2011 年城镇固定资本形成占到支出法国内生产总值的 39.8％（见表2－1）。这表明，在国民收入的分配和使用过程中，农村地区和农村居民处于更加不利的地位。

表 2－1　中国国内生产总值按支出法分解（%，以国内生产总值为 100）

年份	农村居民消费	城镇居民消费	农村固定资本形成	城镇固定资本形成	政府消费	存货增加	净出口	农村投消合计	城镇投消合计	其他
1995	17.8	27.0	7.2	25.8	13.3	7.3	1.6	25.1	52.9	22.1
1996	18.8	27.0	7.6	24.9	13.4	6.4	2.0	26.3	51.9	21.8
1997	17.8	27.4	7.3	24.5	13.7	4.9	4.3	25.2	51.8	23.0
1998	16.7	28.6	6.9	26.1	14.3	3.2	4.2	23.6	54.8	21.6
1999	16.0	30.0	6.9	26.6	15.1	2.7	2.8	22.9	56.6	20.5
2000	15.3	31.1	7.0	27.3	15.9	1.0	2.4	22.3	58.4	19.3
2001	14.5	30.7	6.7	27.9	16.2	1.8	2.1	21.2	58.6	20.2
2002	13.5	30.2	6.7	29.6	15.9	1.6	2.6	20.2	59.7	20.1
2003	12.0	29.7	6.9	32.3	15.1	1.8	2.2	18.8	62.0	19.1
2004	10.9	28.9	6.6	34.0	14.5	2.5	2.5	17.5	62.9	19.5
2005	10.2	27.6	6.3	34.7	14.1	1.8	5.4	16.5	62.2	21.3
2006	9.5	26.8	6.1	34.5	13.6	1.9	7.5	15.7	61.3	23.0
2007	9.1	26.4	5.8	34.2	13.3	2.4	8.9	14.9	60.6	24.6
2008	8.8	26.6	5.7	34.9	13.2	3.2	7.7	14.4	61.5	24.1
2009	8.3	27.1	6.1	38.8	13.1	2.2	4.3	14.5	65.9	19.6
2010	7.9	27.0	6.0	39.6	13.2	2.5	3.7	14.0	66.6	19.5
2011	8.0	27.4	5.9	39.8	13.7	2.6	2.6	14.0	67.2	18.8

（资料来源：中国社会科学院农村发展研究所和国家统计局农村社会经济调查司，2013）

正是由于经济社会发展中存在城乡发展严重失衡的现象，而且进入 2000 年以来这一现象还有进一步扩大的态势，为了保障中国经济社会长期、稳定、协调和可持续发展，更重要的是要让占总人口 65%的农村人口和农业转移人口分享到经济发展成果，必须彻底破除城乡二元结构，推进城乡发展一体化。

四、中国城乡一体化的进程

从 2002 年中共中央提出破除城乡二元结构、统筹城乡发展，到 2009

年提出城乡发展一体化，中国城乡发展一体化经历了乡镇企业异军突起，实行五个统筹发展，建立以工补农、以城带乡、城乡发展一体化新机制，建设社会主义新农村，发展新型城镇化等五个阶段。

（一）发展乡镇企业

1978年实行经济体制改革和对外开放，给农村发展带来的最大惊喜是乡镇企业的异军突起，它不但改变了城乡发展格局，而且也开启了城乡发展的一体化进程。乡镇企业发展从以下三个方面突破了二元结构发展格局：

第一，突破了城乡产业分割发展的壁垒。乡镇企业的发展，打破了城乡分割二元结构形成的农村—农业、农业—种植业的产业发展格局，开启了农村产业全面发展的大幕。乡镇企业发展改变了农村以农业生产为主的单一产业发展格局，实现了从农业为主向工业为主的农村产业转换，促进了农村工业化进程。

第二，突破了生产要素城乡流动和交换的壁垒。乡镇企业发展突破了城乡分割二元结构形成的生产要素，尤其是非农生产要素流动的城乡壁垒，实现了生产要素城乡双向流动，改进了生产要素配置效率。同时，在生产要素市场化流动和交换基础上，推动了生产要素市场化价格机制的形成，动摇了城乡分割二元结构形成的要素价格机制，为形成城乡一体化的要素市场创造了条件。

第三，突破了城乡职业身份转换的壁垒。通过发展非农产业，不仅提高了农民收入水平，而且也促进了农民职业身份的转变。乡镇企业发展在打破城乡产业发展壁垒的同时，也突破了城乡职业身份转换的壁垒。农民在“离土不离乡、进厂不进城”的同时[①]，实现了由农业劳动者身份向非农产业职工身份的转变。

---

① 早期乡镇企业的发展，也带来了工业布局的分散化，即“村村点火、户户冒烟”，由此产生了一系列问题（魏后凯，1994）。后来各地推行的“三个集中”，即工业向园区集中、人口向城镇集中、土地向种田大户集中，就是针对这种分散化提出来的。

（二）实行五个统筹发展

针对二元结构给中国经济社会带来的城乡发展失衡、区域发展失衡、社会发展失衡、生态环境失衡等诸多失衡现象，2003 年中共十六届三中全会通过的《中共中央关于完善社会主义市场经济体制若干问题的决定》中，首次提出统筹城乡发展、统筹区域发展、统筹经济社会发展、统筹人与自然和谐发展、统筹国内发展和对外开放的五个统筹发展思想，以及建立有利于逐步改变城乡二元经济结构的体制，完善社会主义市场经济体制的目标和任务的要求。从那以后，农村经济改革与发展逐渐转向构建缩小城乡区域发展差距、统筹城乡区域协调发展的体制机制方面。为此，2007 年国务院批准建立成都和重庆统筹城乡综合配套改革试验区，希望通过试验区建设、改革和发展，总结城乡发展一体化的经验，发现问题，并找到破解问题的思路和途径。

国务院在批准建立成渝统筹城乡综合配套改革试验区的同时，赋予两市在户籍、土地、财税、工业反哺农业、城市带动农村、社会保障等方面进行先行先试的体制机制改革权力，希望通过这些改革，突破城乡二元结构对成都和重庆这样典型的大城市、大农村，经济社会发展处于中等水平、生态较为脆弱、贫困人口较多地区的束缚，取得城乡发展一体化的成功，为其他类似城市和地区的城乡发展一体化提供重要的启示、经验和发展上的指导。成渝统筹城乡综合配套改革试验区成立之后，全国各地又相继建立了不同级别和规模的各种有关城乡发展一体化试验区，城乡发展一体化从试验走向了全面发展。

（三）建立以工补农、以城带乡、城乡发展一体化新机制

针对农村发展滞后的局面尚未改变，缩小城乡区域发展差距和促进经济社会协调发展任务艰巨等农村发展形势，以及统筹城乡发展出现的新情况、新问题，中共十七届三中全会通过的《中共中央关于推进农村改革发展若干重大问题的决定》首次明确提出彻底破除城乡二元结构形成的体制机制，更是首次提出“构建新型工农、城乡关系”和“建立促进城乡经济

社会发展一体化制度”。

在推进城乡发展一体化制度改革方面，一是推进城乡经济发展一体化的体制机制改革。从空间上把城市和农村作为一个整体来看待，加强城乡统一的要素市场、劳动力市场、金融保险市场体制建设，推动城乡生产要素的合理流动和科学配置，消除城乡劳动力就业壁垒，为城乡经济发展提供高效便捷的现代服务。二是推进以工促农、以城带乡、工业反哺农业、城乡互惠的体制机制改革。推进赋予农民财产权利的承包经营权、房产权改革，让农民能够像城市居民一样有更多的财产性收入；改革城乡有别的国民收入分配体制，让农村居民公平享有经济发展成果；改革农产品价格形成机制，完善对农业发展的各项支持政策，落实以工补农、以工促农发展要求。三是建立城乡社会事业发展一体化的体制机制。推动公共财政体制的改革，为城乡公共服务均等化奠定基础；打破城乡壁垒，建立统筹城乡社会事业发展的体制，从规划、投入和建设上，把农村社会事业发展放在与城市社会事业发展同等重要的位置，甚至比城市社会事业发展还重要的位置上给予优先发展。

（四）加强新农村建设

二元结构不仅造成城乡经济发展的严重失衡，而且也使城乡社会事业发展严重失衡，从某种程度上看，社会事业发展的失衡情况比经济发展的失衡情况更严重。针对这一情况，中国实施了以生活性基础设施和社会事业建设为主要内容的新农村建设。

新农村建设的主要内容，一是进行改路、改水、改厕、改灶、改房的“五改”建设，实现让农村居民走平坦路、喝洁净水、上卫生厕、用节能灶、住安全房，缩小农村居民在居住方面与城镇居民的差距。2002 年以来，全国新建改建农村公路 271 万公里，经改造后的农村电网已覆盖 95% 的农户，解决了 3.26 亿农村人口的饮水安全问题，新增农村沼气用户 3000 多万户，改造农村危房 460 万户，农村的生产生活条件得到明显改善。二是推进农村社会事业和公共服务发展。新农村建设对推动农村社会事业发展起到了重要作用。农村免费义务教育惠及 1.3 亿农村学生，新型农村合作医疗制度已覆盖97%的农民，农村最低生活保障制度覆盖了5300万贫困农民，新型农村养老保险制度基本实现了农村全覆盖。中国社会科学院农村发展研究所对云南、安徽、河南、甘肃和宁夏7县8镇28个村庄和687户农户的问卷调查也表明，由于“两免一补”政策①的全面实施以及新型农村合作医疗、农村最低生活保障、农村新型社会养老保险等制度的建立，解决了农村居民子女享受义务教育，农村居民“看病难、看病贵”，农村低收入群体和贫困人口群体生计缺少保障，农村老年人口群体养老，以及看电影难、看书难等问题。新农村建设有力地促进了农村社会事业的发展，在一定程度上缩小了城乡社会事业发展差距。三是加大“三农”投入，缩小投入上的城乡差距。2003年，中央对“三农”的财政支出只有2000多亿元；2010年，中央用于“三农”的预算开支达到8183亿元，增长幅度达12.8%，比整个中央财政预算总支出增幅高2.8个百分点；2011年，中央财政对“三农”的支出超过10000亿元，算上各级地方财政的支出则达到25000亿元。在中央和地方财政逐年加大“三农”投入的基础上，从2009年开始城乡居民收入比不断下降（见图2—5）。

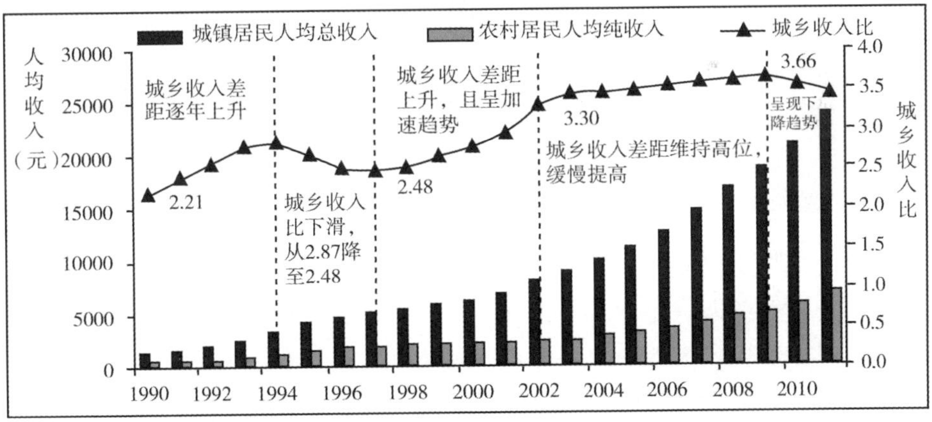

图2—5 1990—2012年中国城乡收入差距变化

［资料来源：根据《中国统计年鉴》（各年度）绘制］

① “两免一补”是指对义务教育阶段家庭经济困难学生免费提供教科书、免杂费和补助寄宿生生活费。

（五）推进新型城镇化

推进新型城镇化建设是彻底破除城乡二元结构，扭转城镇化滞后于工业化的重要途径和手段。与城乡分割的传统城镇化不同，新型城镇化是注重以城带乡、城乡融合发展的城镇化。在新型城镇化建设方面，一是推进二元户籍管理制度改革，消除农民进城门槛，允许农民携带家属进城务工经商，在完成职业身份转变的同时，实现居住身份转变。二是促进工业化、城镇化和农业现代化协调发展，如对工业园区与居民集中居住社区统筹谋划，共同建设，为城镇化奠定坚实的产业支撑。三是推进农村新型社区建设，并在建设、管理和运行体制上与城镇接轨，使之成为新型城镇化的重要组成部分。

五、推进城乡一体化面临的障碍

彻底破除二元结构，推进城乡发展一体化，是中国从中等收入国家迈入高收入国家行列，避免落入“中等收入陷阱”的必然选择。当前，推进城乡发展一体化面临着以下几方面障碍：

1. **传统观念障碍**

虽然中国改革开放已有 30 多年，但传统的二元结构观念和意识依然根深蒂固，并严重影响着当前中国经济社会发展。主要表现在：一是片面追求 GDP 增长的观念根深蒂固。一些地方还存在着经济发展高于一切、重城轻乡、片面追求 GDP 增长的观念，忽视工农业之间的协调发展，忽视经济与社会之间的协调发展，忽视生产与生态之间的协调发展，忽视城市与农村之间的协调发展，造成工农业、城乡、经济与社会、生产与生态发展失衡；二是先发展后协调观念根深蒂固。这种观念源于刘易斯的二元经济模型，认为工农业和城乡由失衡走向协调发展，是发展的普遍现象，中国的发展也不例外地应当经历这样的发展过程。这样，在经济社会发展实践中，自然就产生了工业部门和城市优先发展的认识，并自觉和不自觉地以工业和城市发展为主，实行工业和城市偏向的政策，而忽视农业和农村发展。推进城乡发展一体化，必须首先转变传统的二元结构观念障碍。

2. 二元结构体制机制障碍

推进城乡发展一体化既是发展方式的转变，也是发展利益格局的调整，既是新利益分配关系的建立，也是原有利益关系的破除，因此必然面临着二元结构体制机制障碍，会受到二元结构体制下的既得利益各方的抵制。例如，在调整工农和城乡发展关系上，增加农业固定资产投入，促进农业生产增产和农民增收，对工业固定资产投入会产生一定影响，因而使工业和城镇发展利益受到一定程度影响，会受到来自工业和城镇相关利益方不同程度的抵制。再如，开放城镇大门，让农村居民进城，也同样会受到城镇相关利益方的抵制，使进城农民在就业、社会保障、养老、子女上学等方面遇到重重困难。最突出的表现就是进城农民工子女上学，受到来自城镇居民子女家长的抵制，很难进入优质公立学校读书。类似的情况还突出表现在城乡居民收入分配关系调整、城乡居民社会养老保障和最低生活保障标准接轨等方面。体制机制是发展的基础和保障，二元结构在经济发展、要素流动、就业、社会保障、基础设施建设、国民收入分配等方面形成的体制机制，以及造成的城乡壁垒，必须坚决破除，否则就不可能推进城乡发展一体化，更不可能实现城乡发展一体化。

3. 法律法规和政策障碍

二元结构之所以能够产生如此巨大的作用，甚至在社会主义市场经济体制初步建立起来的今天，依然在发挥作用，很重要的原因就在于过去支撑二元结构形成的有关条例、法律法规和政策，依然没有修改和彻底废止。这些条例、法律法规和政策在市场准入、机构设置、管理运行等方面的作用空间虽然受到很大压缩，运行效率大不如前，但因为这些条例、法律法规和政策没有给予明确废止，所以对当前城乡发展一体化还在产生影响。例如，现行二元户籍管理制度，不仅阻碍了城乡人员流动，而且还是城乡居民各种福利待遇差距扩大的基础。再如，在现行法律法规下，中国实行的是城乡分割的土地占有制度，农村是集体所有成员共有的土地占有和使用制度，城市是国家全体成员共有的土地占有和使用制度，同时规定只有国有土地才能进入土地一级市场进行买卖，农村集体土地不能直接进入土地一级市场买卖。农村集体土地只有先变更为国有土地之后，才能进入土地一级市场买卖，这样就产生了同地不同权、不同价的现象。推动集体建设用地直接进入土地一级市场，实现同地、同权、同价，是切实保护农村集体组织和农民土地合法权益，把农民财产权落到实处，保障农民土地财产用益物权的根本举措。推动城乡发展一体化，需要对现有的法律法规进行清理、补充和完善，对不符合城乡发展一体化要求的法律法规，该废止就废止，需要完善的就根据发展需要进行完善，该建立的就建立，以便为城乡发展一体化创造一个良好的法制环境。

4. **机构设置与管理障碍**

在推进城乡发展一体化过程中，除了遇到观念、体制机制、法律法规和政策障碍外，还受到政府机构设置和运行管理不能适应城乡发展一体化要求的障碍。目前政府机构设置和运行管理模式，基本上都是在二元结构体制下形成，并经过很长时间运行和不断完善的结果。因此，政府机构设置和运行管理本身带有很强的二元结构特征。例如，按城乡设置机构，以城乡为划分标准制定政府机构职能，并实行管理。尽管在改革推动下有些城乡分设的机构实现了城乡合并，表面上看实现了机构统一设置，其实并没有在职能和管理运行上实现真正合并，城市与农村依然沿用二元结构体制下的运行管理方式，城市管理部门管城市的事情，农村管理部门管农村的事情，城乡界限依然比较清晰，使城乡发展一体化方面的具体事情无法落实，由此产生了“有事没人管，有人不管事”的现象。例如，目前沿用的仍然是城乡两种社会保障管理办法和标准、两种医疗保障管理办法和标准等。机构设置和运行管理方式主要由体制机制决定，因此，解决机构设置与运行管理障碍，需要彻底解决其赖以存在和发挥作用的二元结构体制机制基础。

第三章

城乡发展一体化的建设内容

推进城乡规划布局一体化

推进城乡基础设施一体化

推进城乡产业发展一体化

推进城乡公共服务一体化

推进城乡环境保护一体化

推进城乡社会治理一体化

城乡发展一体化是经济社会发展到一定阶段的产物，也是解决“三农”问题的根本途径。推进城乡发展一体化，对于全面建成小康社会，实现国家富强、民族复兴、人民幸福的中国梦具有重要战略意义。为此，必须把城市和农村作为一个整体统筹规划建设，全面推进城乡规划布局、基础设施、产业发展、公共服务、环境保护和社会治理一体化，促进城乡要素自由流动、平等交换和均衡配置，推动形成城乡良性互动、深度融合、协调发展、共同繁荣的新格局，使农村与城市居民共享现代化成果，实现权利同等、生活同质、利益同享、生态同建、环境同治、城乡同荣的一体化发展目标。

一、推进城乡规划布局一体化

加快推进城乡规划布局一体化，是实现城乡发展一体化的重要基础和前提条件。长期以来，在城乡分割的二元体制下，依据1989年全国人大通过的《中华人民共和国城市规划法》和1993年国务院发布的《村庄和集镇规划建设管理条例》，中国实行城乡分治的规划编制与管理模式。2007年10月28日，第十届全国人民代表大会常务委员会第三十次会议通过了《中华人民共和国城乡规划法》，该法于2008年1月1日起正式实施。这表明中国长期实行的城乡二元规划体系已经完全打破，开始进入到城乡规划一体化的新时代。在新的形势下，必须打破城乡界限，树立城乡统筹发展的理念，把城市与乡村作为一个有机整体，开展全域规划布局，推进城乡规划编制和管理一体化。

（一）城乡规划应体现城乡差别

城市与乡村是两种完全不同的空间单元，城与乡的差别不仅体现在聚落形态和产业发展上，而且体现在自然风貌、社会文化和生活方式上。城市应该有繁华、密集、多彩的城市现代化面貌，而乡村也应该有青山绿水的乡村田园风光。有学者提出，城乡规划应遵循规律、尊崇自然、尊重民愿，体现城与乡的差别，突出地方特色，规划出各具风貌的现代新城乡，推进城乡生产方式、消费方式、公共产品、景观文化、空间布局的差别化发展。江苏省苏州市在推进城乡一体化的进程中，较早就提出要使“城市更像城市、农村更像农村”。所谓“城市更像城市”，是指一些县城和中心镇应按照中小城市标准进行规划建设；所谓“农村更像农村”，是指从事农业生产的农村，应保持优美的田园风光和传统农耕文化。这一做法体现了一体化格局中的城乡差别发展思想。

（二）建立城乡一体的规划体系

城乡发展一体化涉及方方面面，需要从全局高度编制实施城乡一体化建设规划，对城乡经济社会发展、基础设施建设、公共服务配置、生态环境治理等进行统筹安排和部署。要按照城乡发展一体化的理念，把广大农村纳入规划范围，尤其要加强乡镇和村庄规划编制。截至2011年，中国47.3%的行政村和77.1%的自然村还没有建设规划。同时，要统筹整合城乡总体规划、经济社会发展规划、土地利用总体规划、环境保护规划和产业发展规划，建立完善规划统筹协调机制，构筑城乡一体的规划体系。近年来，各地在规划体系建设方面进行了大胆探索，积累了丰富的经验。譬如，上海市开展了城市总体规划和土地利用总体规划“两规整合”；苏州市开展了产业规划、城镇规划、土地利用规划和环境保护规划“四规叠合”；重庆则在市级开展城乡总体规划、经济社会发展规划、土地利用总体规划和环境保护规划“四规协调”，在区县级开展“四规叠合”探索。

（三）完善城乡一体的规划管理体系

针对过去城乡规划管理分割、建设分治、重城轻乡的状况，要加快推进城乡规划编制、实施、监督管理体制改革，理顺各层次规划管理关系，建立完善城乡一体的规划管理体系。一是推进城乡规划编制体制改革。要将城乡规划编制统一纳入政府采购范围，通过招投标确定规划编制单位；借鉴国内外先进的规划理念、技术和方法，建立完善专家咨询制度和公众参与制度，积极听取专家意见，采取多种形式让公众参与到规划的全过程，切实提高规划的科学性，减少随意性，避免长官意志。二是强化城乡规划的实施和监督管理。要完善城乡规划的实施和动态调整机制，加强规划实施效果评估和修编工作，建立城乡规划督察专员制度，完善城乡规划监督管理体系，加大违规处罚和责任追究力度。三是建立健全城乡规划管理机构。按照“覆盖城乡、集中统一”要求，对城乡规划实行集中统一管理；进一步完善县级和乡镇级规划管理机构，加大资金投入和人员配备，逐步将规划行政职能延伸到乡镇，建立覆盖全域的城乡规划管理工作网络。此外，还应加强各部门之间的职责分工，在政府内部形成权力制衡机制。成都市按照“统一规划、分区管理、分级审批、加强监督”的原则，实行规划编制、实施、监督管理和决策、执行、监督两个“三分离”的做法值得借鉴。

(四) 统筹规划和优化全域空间布局

统筹城乡发展必须实行全域规划，对包括城市和乡村在内的全部空间进行统一规划布局，不断优化空间结构。2010 年 12 月，国务院颁布实施了《全国主体功能区规划》方案，明确了国家层面优化开发、重点开发、限制开发、禁止开发四类主体功能区的功能定位、发展目标、发展方向和开发原则。目前，各省区市主体功能区规划已陆续上报国家发展改革委。为此，各地在推进城乡发展一体化的过程中，一定要按照国家和省级主体功能区规划的要求，进一步完善和细化主体功能区区划，明确各功能区的定位、目标和发展方向，制定差别化的发展导则、空间管控策略和考核指标体系，推动形成科学合理、规范有序的城乡空间格局。在城乡总体规划编制中，要科学确定生产空间、生活空间和生态空间的合理比例，划定各类生态红线，确保生态环境和粮食安全。

二、推进城乡基础设施一体化

近年来，随着城乡统筹工作的推进，中国城乡基础设施一体化进程不断加快，农村基础设施水平迅速提升。然而，由于发展基础薄弱、财政投入不足、融资渠道单一，加上城乡二元体制分割，目前农村基础设施仍相当落后，广大村镇在交通、信息、供水、供热、供气、垃圾和污水处理等各个方面与城市差距明显，严重影响了城乡发展一体化进程。2011 年，中国建制市用水普及率达 97.0%，县城为 86.1%，建制镇为 79.8%，而村庄只有 56.2%；建制市燃气普及率达 92.4%，县城为 66.5%，建制镇为 46.1%，而村庄该比例很低；建制市污水处理率达 83.6%，县城为 70.4%，而建制镇 2010 年不到 20%（见表 3－1）。在全国 55.4 万个行政村中，有 45.1%没有集中供水，93.3%没有对生活污水进行处理，58.1%没有生活垃圾收集点，75.5%没有对生活垃圾进行处理。为此，必须统筹规划，加大农村基础设施建设力度，积极推进城镇基础设施向农村延伸、辐射和覆盖，建立完善城乡一体的基础设施网络，促进城乡基础设施一体化进程。

表 3－1　2011 年中国城镇市政公用设施水平和投资情况

主要指标	实际值			相对水平（以城市为 1）	
	建制市	县城	建制镇	县城	建制镇
用水普及率（%）	97.04	86.09	79.80	0.89	0.82
燃气普及率（%）	92.41	66.52	46.10	0.72	0.50
污水处理率（%）	83.63	70.41	＜20①	0.84	＜0.24
人均公园绿地面积（m^2）	11.80	8.46	2.03	0.72	0.17
建成区绿地率（%）	35.27	22.19	8.00	0.63	0.23
建成区绿化覆盖率（%）	39.22	26.81	15.00	0.68	0.38
人均市政公用设施建设投资（元）	3461.43	2003.33	687.15	0.58	0.20

注：①为 2010 年数据。

［资料来源：根据《中国城乡建设统计年鉴》（2011）以及住房和城乡建设部《中国城镇排水与污水处理状况公报（2006—2010）》整理］

（一）加快城镇基础设施向农村延伸

加快推进城乡基础设施一体化，重点和难点都在农村地区。加快农村基础设施建设，是推进城乡基础设施一体化的关键环节。在统筹城乡发展的过程中，一定要把新型城镇化与新农村建设有机结合起来，按照城乡基础设施联网对接、共建共享的思路，加快推进城镇交通、信息、供电、供排水、供气、供热、环卫、消防等基础设施向农村延伸、覆盖，加强市、镇、村之间道路和市政公用基础设施无缝对接，逐步形成城乡一体的基础设施网络。

在交通方面，要按照“路、站、运一体化”的思路，大力加强农村公路和客运站点建设，分期分批逐步完善中心城区至县、县至乡镇、乡镇至建制村三级客运网，实行统一站点、统一排班、统一票价、统一车辆标识、统一结算的措施，构建通乡达村、干线相通的公路网络和完善便捷、城乡一体的客运网络；同时，不断提高城市公交的覆盖面，优化线路和站点布局，逐步将公交延伸到郊区和周边乡镇、村庄，促进城乡公交一体化。目前，沿海一些有条件的地区如江苏省苏州市、山东省莱芜市等，已经实现了村村通公交。

在信息方面，重点是推进城乡邮政、通信和信息服务设施一体化。要调整优化农村邮政网点布局，促进乡镇邮政普服网点全覆盖，按照“统一标准、统一标识、统一设施”的原则稳步推进“村邮站”建设，加快城乡邮政一体化步伐，构建覆盖城乡、惠及全民、水平适度、可持续发展的邮政普遍服务公共体系；要将电信基础设施纳入城乡建设规划，加快电信管网、基站等设施建设，推动光纤通信、无线通信网络向农村延伸，实现城乡全覆盖，提高通信质量和水平；加快农村信息服务设施建设，完善乡镇、村网站和信息服务中心，推动城市各种信息资源和信息服务向农村延伸，构建城乡一体的信息服务体系。

在市政公用设施方面，要重点推进城乡供电、供水、供气、供热、环卫等一体化。在供电方面，要统筹城乡电网规划，加快农村电网改造升级，积极推进农网标准化建设，不断提高农网供电能力和供电质量，实现城乡供电一体化和无差别服务；在供水方面，按照“统一调配、统一供给、统一核算、统一核价、统筹营亏”的思路，以中心城市和县城为依托，加快乡镇供水管网建设，实现城乡“联网、联供、联营、联管”，推动形成城乡供水“同源、同网、同质、同价”的一体化格局。在有条件的地区，还应积极推进城乡供气、供热等一体化。此外，还应按照一体化的理念，推动城市环卫、消防等基础设施和公共服务向农村延伸。

(二) 建立多元化的基础设施投融资机制

长期以来，中国在基础设施建设方面，实行“以农保工”“重城轻乡”的城市偏向投资政策，由此造成农村基础设施普遍落后，基础设施建设投入严重不足。2011 年，全国建制市人均市政公用设施建设投资达 3461.4 元，县城为 2003.3 元，建制镇为 687.2 元，而村庄只有 153.6 元，建制市是县城的 1.7 倍，是建制镇的 5 倍，是村庄的 22.5 倍。农村基础设施尤其是市政公用设施建设投资过去主要依靠集体组织和农民集资，近年来随着新农村建设的加快推进，各级政府的财政补助有较大幅度的增长，但投资严重不足、融资渠道单一的局面依然没有根本改变。根据浙江的调查，农村基础设施投资中村集体资金和财政补助资金占很大比重，村民出资和集资所占的比重较低，平均在5%以下，金融资本、民间资本的投资微乎其微。尤其是，村级集体收入的3/4以上投向了基础设施建设。因此，投融资渠道单一且不稳定，这是造成农村基础设施落后的根本原因。

为此，在继续发挥农村集体组织和个人积极性的基础上，必须进一步加大各级政府财政资金投入，积极引导社会资本进入，逐步建立“政府引导、市场运作、多元投资、共同开发”的多元化城乡基础设施投融资机制。首先，要坚持“谁投资、谁受益”的原则，充分发挥农村集体和农民个人投资基础设施的积极性；其次，加大各级财政资金对农村基础设施建设尤其是建制镇和村庄市政公用设施建设的投入。县城和中心镇的市政公用设施，应按照小城市的标准进行规划建设。对于纯公共产品性质的基础设施，应由政府财政全额直接投入。对于准公共产品性质的基础设施，要充分发挥政策资源和财政杠杆的优势，采取BOT、TOT、PFI、ABS、PPP等项目融资方式，引导国内外民间资本积极参与。此外，要明确各级政府之间的职责分工，即使是由县、乡负责的基础设施，也应加大中央、省、市政府的补助力度。譬如在农村公路养护方面，苏州市按照“县乡自筹、省市补助、多元筹资”的原则，落实了资金支出的渠道和增长机制。

三、推进城乡产业发展一体化

由于体制分割和制度障碍，当前中国城乡产业发展还存在着诸多问题，如城乡互动不足，要素流动不充分，市场联系不通畅，一体化程度较低等，严重影响了城乡发展一体化进程。产业是城乡发展的重要支撑，如果缺乏产业支撑，无论城市还是农村都会出现“空心化”的局面。近年来出现的“鬼城”（空城）和“空心村”现象，就是缺乏产业支撑的结果。推进城乡产业发展一体化，就是要打破城乡分割的二元体制，把城市产业和农村产业作为一个整体统筹考虑，整合城乡各种资源，沟通城乡之间的产业联系，促进城市生产要素向农村流动，引导城市产业和企业向农村延伸，实现城乡产业互补互促、相互融合、共生互荣。

（一）大力推进城乡产业融合互动

城乡产业一体化是城乡发展一体化的核心和关键。城乡互动的起点是产业互动，城乡互促的关键是产业互促，城乡融合的基础是产业融合。因此，深入推进城乡发展一体化，必须坚持城乡融合互动的理念，促进城乡产业相互融合、互促共进。首先，强化城乡产业分工协作。城乡产业一体化不是城乡产业发展一样化。城市与乡村因资源禀赋和功能定位不同，其产业发展应该实现差异化，防止城乡产业同构和低水平重复建设。要充分发挥各自的优势，突出城乡特色，通过资源互补、要素互补，促进城乡产业互补互促、合理分工、协调发展。其次，推动城乡三大产业的融合。产业融合是当今世界产业发展的大趋势。要打破城乡界限和产业边界，推动农业、工业、服务业在城乡之间进行广泛渗透融合，促进城与乡、工与农之间双向产业延伸，实现城乡产业多层次、多领域的深度融合。再次，构筑城乡一体的产业链。要整合城乡资源，培育龙头企业，延伸产业链条，推动城市产业向农村延伸、城市服务向农村辐射以及农村产业向城市扩展，实现城乡产业全面对接，尤其要鼓励龙头企业在农村建立稳定的良种培育、技术推广服务和原料生产基地，在城乡建立广覆盖、一体化的销售网络，逐步形成配套完善、分工合理、布局优化、特色鲜明、城乡一体的产业链体系。

（二）推动城市生产要素向农村流动

目前，中国城乡发展严重不平衡，资金、技术、人才等生产要素高度集中在城市。2010 年，全国乡村人口占总人口的 50.1%，而农村投资仅占 13.2%，全社会固定资产投资的 86.8%集中在城镇[①]。因此，要推动形成

---

① 除房地产投资、农村集体投资、个人投资以外，投资统计的起点为 50 万元。若按投资统计起点为 500 万元（新统计口径）计算，城镇固定资产投资占 96.9%。

以城带乡、以工促农的良性发展格局，就必须充分发挥城市的辐射带动作用，引导城市资金、技术、人才、管理、品牌等生产要素向农村流动，加快城乡产业、项目和生产要素对接，促进城乡资源互通共融、合理配置。一是鼓励城市资本、人才和企业下乡，参与农业和农村现代化建设，加快农业产业化进程；二是推动大中城市相关产业、机构和设施向郊区、工业园区和周边小城镇转移扩散，依靠园区和小城镇建设带动农村地区发展，增加农村就业机会，提升农村发展能力；三是促进城市科技、信息、金融、教育、文化、商贸、旅游等服务网络向农村覆盖，实现城乡服务业发展一体化。尤其是要统筹城市与乡村旅游产业发展，打破体制束缚与制度障碍，促进城乡旅游要素合理、有序、顺畅流动，推进城乡旅游资源开发、旅游公共服务、旅游宣传、旅游管理一体化，实现城乡旅游产业无缝连接、共兴共荣、一体发展；四是通过引进城市资本、品牌、人才、营销和管理理念，加快农村服务业发展，推进各类公共服务平台建设，建立完善各种专业行业性协会和社会中介服务体系。

（三）促进城乡产业布局一体化

按照“宜工则工、宜农则农、宜商则商、宜游则游”的原则，因地制宜，科学规划城乡产业布局，促进产业向优势区域集中，不断优化空间布局结构。要走出传统的“农村工业化”误区，以开发区、工业园区为载体，积极引导工业向园区集中，促进工业园区化和集聚发展。工业园区化是当今世界工业发展的共同趋势，也是改革开放以来各地实践探索的经验总结。工业进园和集聚发展，不仅可以集约节约利用土地、能源和其他资源，共享基础设施和公共配套服务，而且有利于污染的集中治理，充分发挥集聚的经济效应。按照全国和各省区主体功能区规划，各地区承担的主体功能不尽相同。有的属于优化和重点开发区域，有的则属于限制和禁止开发区域。对于一些重要的生态功能区，其主体功能是保护生态环境，属于限制和禁止开发区域的范畴。为协调开发与保护之间的关系，可以采取“飞地经济”的模式，在有条件的地方共同建设工业园区，鼓励生态功能区招商引资来的企业向这些园区集中，实行产值等经济指标分割和税收分成。在新形势下，产业园区发展还应与城镇建设有机结合起来，通过以产兴城、以城促产、产城互动，实现产城融合、共生共荣。产城融合是一种现代发展理念，其核心内涵是功能复合、配套完善和空间融合。如果城市没有产业支撑，即便再漂亮，也只是“空城”；如果产业没有城市作为依托，即便再高端，也只能“空转”。此外，在广大农村地区，要按照“一镇一业、一村一品”的思路，加快推进专业镇和专业村建设，大力发展镇域经济和村域经济，不断提高农业产业化和现代化水平。

四、推进城乡公共服务一体化

城乡公共服务一体化是统筹城乡发展的内在要求，也是促进城乡协调发展的重要保障。现阶段，推进城乡公共服务一体化，重点是加快农村公共服务体系建设，推动城市公共服务向农村延伸，实现城乡基本公共服务均等化，逐步缩小城乡公共服务水平差距。早在2006年10月，中共十六届六中全会就提出要“逐步实现城乡基本公共服务的均等化”；2008年10月，十七届三中全会明确提出“推进城乡基本公共服务均等化，实现城乡、区域协调发展”；2012年11月，十八大报告又提出“加快形成政府主导、覆盖城乡、可持续的基本公共服务体系”；2013年11月，十八届三中全会再次重申要“推进城乡基本公共服务均等化”。为此，当前必须以城乡公共服务资源均衡配置为方向，加快推进城乡基本公共服务均等化，逐步形成城乡一体、可持续、公平的公共服务体系。

（一）中国城乡公共服务差距状况

近年来，随着新农村建设的快速推进，各级财政加大了公共服务投入并向农村倾斜，农村公共服务能力和水平明显提高。2006—2011年，农村小学生人均公共财政预算教育经费支出年均增长25.7%，农村初中年均增长29.4%，均高于全国平均增速；2006—2012年，农村人均卫生费用年均增长18.8%，比城市高3.9个百分点。然而，由于原有基础较差，与城市相比，目前农村文化教育、医疗卫生、社会保障等公共服务仍相当落后，城乡公共服务差距依然较大。2012年，农村人均卫生费用仅相当于城市的

35.6%（见图3－1）。即使农村居民在城镇就业和居住，由于户籍的限制也难以享受同等的市民待遇。2011年，中国外出农民工在公共服务方面享受的权益平均只有城镇居民的45%左右。因此，要实现中央提出的城乡基本公共服务均等化目标，仍需要进行长期不懈的艰苦努力。

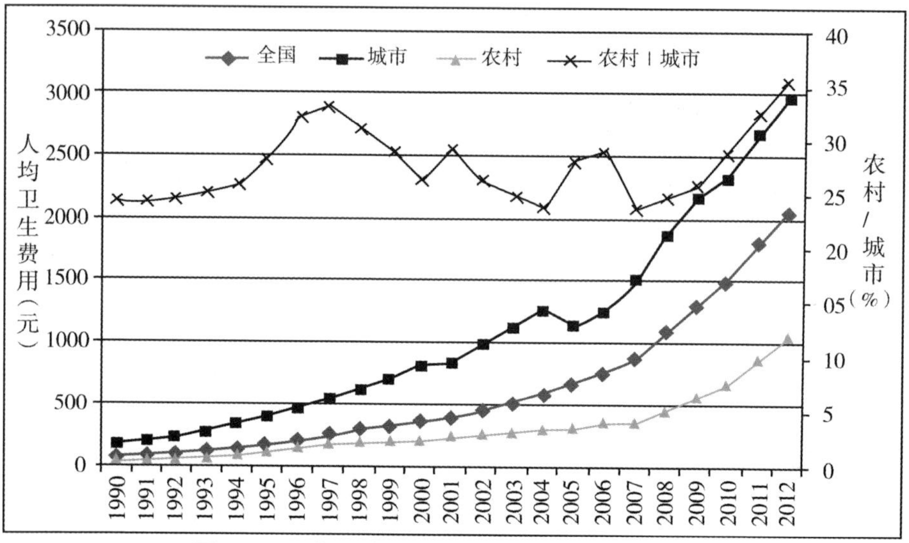

图3－1 中国城市与农村人均卫生费用比较

［资料来源：根据《中国卫生和计划生育统计年鉴》（2013）绘制］

在义务教育方面，虽然近年来农村中小学生人均公共财政预算教育经费支出增长较快，但在办学条件、师资队伍、教学质量等方面，仍与城市存在明显差距。2010年，农村小学和普通初中生人均固定资产分别只有城市的69.2%和70.7%；农村小学和普通初中校舍中危房面积达8742.07万平方米，占全国的68.5%；农村小学专任教师文化程度在专科及以上的比例为71.2%，比城市低21.2个百分点；农村普通初中专任教师文化程度在本科及以上的比例为54.8%，比城市低27.9个百分点。在广东省，2010年全省基础教育投入的77%集中用于珠江三角洲地区城市，农村基础教育人均预算内公共经费仅为珠江三角洲地区城市平均水平的三成。

在医疗卫生方面，目前中国医疗卫生资源的80%左右集中在城市，尤其是先进医疗卫生技术、设备和优秀人才高度集中在城市大医院，而农村医疗卫生设施落后，医疗技术人才缺乏，且普遍存在年龄老化、专业水平低的情况。2011年，全国农村每千人口医疗卫生机构床位数为2.8张，只有城市的44.9%；全国农村每千人口卫生技术人员数为3.19人，只有城市的40.4%；全国村卫生室乡村医生中，拥有大专及以上学历的仅占5.3%，在职培训合格者仅占17.8%；而乡镇卫生院卫生技术人员中，大学本科及以上学历的仅占5.9%。广东农村乡镇卫生院人员中，本科毕业仅占1.6%，没有任何学历的卫生人员占21.6%。特别是在中西部一些落后贫困地区，缺医少药的状况至今未得到根本改变。

在社会保障方面，各种社会保险统筹层次不高，医疗、失业、工伤和生育保险仍为地市级统筹，城镇职工基本养老保险、新农保和城镇居民养老保险的省级统筹以及基础养老金的全国统筹均没有全面实现。城乡居民社会保障不仅覆盖面较低，而且城乡差距较大，城乡接轨和跨区域转移接续还存在一定困难。以最低生活保障为例，虽然近年来农村低保平均标准和平均支出水平增长较快，城乡差距有所缩小，但仍维持在较高水平。2012年，城市低保平均标准是农村的1.92倍，平均支出水平则是农村的2.3倍（见表3—2）。城乡社会保障体制接轨的任务仍十分艰巨。

表3—2　中国城乡最低生活保障平均标准和平均支出水平（元/人/月）

指标		2006	2007	2008	2009	2010	2011	2012
最低生活保障平均标准	城市	169.6	182.4	205.3	227.8	251.2	287.6	330.1
	农村	70.9	70.0	82.3	100.8	117.0	143.2	172.3
	城乡比	2.39	2.61	2.49	2.26	2.15	2.01	1.92
最低生活保障平均支出水平	城市	83.6	102.7	143.7	172.0	189.0	240.3	239.1
	农村	34.5	38.8	50.4	68.0	74.0	106.1	104.0
	城乡比	2.42	2.65	2.85	2.53	2.55	2.26	2.30

[资料来源：根据《中国民政统计年鉴》(2013)计算整理]

（二）构建城乡一体的公共服务体系

推进城乡基本公共服务均等化，是构建城乡一体化公共服务体系的核心。按照2012年7月国务院印发的《国家基本公共服务体系“十二五”规划》，基本公共服务是指“建立在一定社会共识基础上，由政府主导提供的，与经济社会发展水平和阶段相适应，旨在保障全体公民生存和发展基本需求的公共服务”。其范围主要包括保障基本民生需求的教育、就业、社会保障、医疗卫生、计划生育、住房保障、文化体育等领域的公共服务。基本公共服务均等化则是指全体公民都能公平地获得大致均等的基本公共服务，其核心是机会均等。这里所指的均等化，主要包括城乡之间、地区之间和居民之间三个方面。其中，城乡基本公共服务均等化是最为核心的内容。

目前，国家已经提出“十二五”时期“覆盖城乡居民的基本公共服务体系逐步完善”、到2020年“基本公共服务均等化总体实现”的目标。国际经验表明，实现城乡基本公共服务均等化是一个长期的过程。如果以机会均等作为均等化的目标，美国实现义务教育均等化花了66年，澳大利亚花了约70年，日本花了约90年；美国实现城乡医疗卫生均等化花了89年，澳大利亚花了74年，日本花了39年；美国实现城乡养老保险均等化花了19年，日本花了38年，中国台湾则花了59年（见表3－3）。从中国的实际出发，要实现高水平、可持续的基本公共服务均等化目标，大体可以分三步走：第一步是到2015年基本实现城镇基本公共服务均等化，把城镇常住的农业转移人口覆盖在内；第二步是到2020年基本实现城乡基本公共服务均等化，把农村人口全部覆盖在内；第三步是到2030年在全国范围内实现高水平、可持续的基本公共服务均等化目标。

表3－3 主要国家和地区城乡基本公共服务均等化进程比较

公共服务	国家	目标：机会均等		
		开始时间	实现时间	花费时间
义务教育	美国	1852年	1918年	66年
	澳大利亚	20世纪初	20世纪80年代	约70年
	日本	1868年	20世纪60年代	约90年
医疗卫生	美国	1920年	2009年	89年
	澳大利亚	1910年	1984年	74年
	日本	1922年	1961年	39年

（续表）

公共服务	国家	目标：机会均等		
		开始时间	实现时间	花费时间
养老保险	美国	1935 年	1954 年	19 年
	日本	1923 年	1961 年	38 年
	中国台湾	1949 年	2008 年	59 年

［资料来源：根据樊丽明和郭健（2012）整理］

公共服务的非排他性和非竞争性特征，决定了政府是其主要提供者。《国家基本公共服务体系“十二五”规划》明确指出：“享有基本公共服务属于公民的权利，提供基本公共服务是政府的职责。”因此，以城乡基本公共服务均等化为核心构建城乡一体的公共服务体系，首先政府要加大投入力度。各级政府不仅要加大公共服务的财政投入，而且财政资源应向农村倾斜。要充分发挥财政资金的导向和杠杆作用，积极引导民间资本参与城乡公共服务建设。其次，改变过去以 GDP 论英雄的做法，尽快将公共服务体系建设全面纳入政府考核指标体系。要建立综合评价指标体系，加强对各地基本公共服务水平和进程的监测评价，并根据评价结果提出改进措施。再次，推进城市公共设施和公共服务向农村延伸，促进城乡公共服务接轨和一体化。尤其是要加快推进城市文化、体育、教育、医疗卫生、环卫等公共服务向农村延伸和覆盖，推动城乡社会保障政策和制度全面接轨。最后，整合城乡公共服务资源。根据城乡人口的变动趋势，有效整合城乡资源，调整优化设施布局，将分散的单一服务整合为集中的综合服务，实现公共服务供给的规模化，提升城乡公共服务供给效率和水平。

五、推进城乡环境保护一体化

城市环境与农村环境是一个有机联系的整体，二者不可分割。然而，长期以来，在城乡分割的二元体制下，中国环境保护工作存在着明显的重城轻乡、城乡分治倾向，农村生态环境保护没有得到应有的重视，以至于农村环卫设施普遍落后，垃圾和污染问题日益严重，村容村貌脏、乱、差现象突出。为此，在生态环境保护中，必须把农村生态环境保护摆在同等重要的位置上，对城市与农村生态环境保护进行统一规划、建设和管理，全面改善和提高城乡生态环境质量，推动形成城乡一体化的生态环境保护新格局。

（一）构建城乡一体的生态网络

随着城镇化的快速推进，城镇空间不断向四周蔓延，吞噬着周围的村庄、湿地和农田，工厂、住宅、道路、广场等人工建筑面积不断扩大，甚至形成钢筋水泥丛林，造成城镇湿地面积锐减，生物多样性持续减少。特别是由于人工过度干预，城镇湿地往往被分割成面积狭小、环境破碎、孤岛式的斑块，湿地环境往往遭受破坏。为此，必须坚持生态环境保护优先，以生态城市建设为导向，整合城乡生态资源，以生态廊道为纽带，以森林生态网络、湿地生态网络、农田生态网络和建筑生态网络建设为主体，构建自然、稳定、优美的生态景观网络，维护生物的多样性，逐步形成一个景观优美、生态优良、内涵丰富、功能完善、宜居宜业、效益持久的城乡一体化生态网络体系。要以生态功能区划和主体功能区规划为指导，划定生态红线，统筹安排自然保护区、天然林保护区、风景名胜区、森林公园、地质遗迹保护区、饮用水源保护区、洪水调蓄区、重要水源涵养区、重要湿地等重要生态功能保护区，构建城乡一体化的生态安全格局。只有这样才能“让城市融入大自然，让居民望得见山、看得见水、记得住乡愁”。此外，还应借鉴广东增城等地的经验，规划建设覆盖城乡、多功能、多类型的绿化体系，为城乡居民提供绿色健康、安全便捷、人性化的生活、生态和休闲空间。

（二）推进城乡环境卫生一体化

针对当前农村环卫设施严重落后的状况，按照城乡一体化的理念，加快城市环卫设施向农村拓展，加快政府环保职能向农村延伸，加快环境监测监管队伍向农村覆盖，全面推进城乡环境卫生一体化。一是推进城乡污水处理一体化。按照“宜建则建、宜输则输、城乡统筹、分区处理”的原则，加快农村污水处理厂、处理站和配套管网建设，逐步推进雨污分流改造，构建城乡一体的污水处理系统，对工业废水和生活污水实施统一集中处理。县城和建制镇应规划建设污水处理厂，农村中心社区应规划建设小型污水处理站，统一处理生活污水。二是推进城乡垃圾处理一体化。重点是加强农村垃圾处理设施建设，按照市区、县城、镇区、村庄的次序，分步推进垃圾分类收集，建立完善户分类、村收集、乡镇转运、县市区处理的垃圾处理体系。在有条件的城市，要借鉴杭州的经验推广垃圾直运，逐步关闭城区垃圾中转站，避免二次污染。各级政府要对垃圾处理工作成绩突出的单位给予奖励，对违规单位给予处罚。三是推进城乡环境监管一体化。要整合环保、农业、林业、水利、卫生、国土、气象等部门的生态环境监测资源，加强城乡环境监管队伍建设，完善乡镇级环境监察机构，建立村级环保监管员制度，构建覆盖城乡的一体化环境保护监管体系。四是推进城乡环保政策一体化。要对城乡环境保护进行统筹规划，实行城乡环境保护并重的政策，彻底改变环境保护重城轻乡、城乡分治的状况，推动形成城乡环境同治、同建、同享的新格局。

（三）加强农村环境的综合治理

农村既是当前环境保护的薄弱环节，也是统筹城乡环境保护工作的重点。要结合近年来的新农村建设，加大农村环境保护经费投入，大力开展农村环境综合治理，以治脏、治乱、治污、治林、治水、治路为重点，加快推进农村“五改”（改水、改厕、改厨、改圈、改房）、“四清”（清洁家园、清洁水源、清洁田园、清洁能源）、“五化”（道路硬化、路灯亮化、卫生洁化、环境美化、村庄绿化）工程建设，全面改善乡村环境面貌，提高乡村生态环境质量。同时，要加大农村水源污染防治力度，严格控制化学肥料、农药、农膜的施用，大力发展生态农业和有机农业，推行规模化养殖和养殖场畜禽粪便综合利用，切实提高农村污染防治能力和水平。此外，要加强农村环境保护的监管，加大对各地落实环境保护部《关于进一步加强农村环境保护工作的意见》（环发〔2011〕29 号）和《关于全国农村和生态环境监察工作的指导意见》（环发〔2012〕146 号）情况的督查，并采取有效措施防止城镇污染企业和项目及有害有毒物体向农村转移扩散。

六、推进城乡社会治理一体化

中共十八届三中全会把“创新社会治理体制”作为全面深化改革的重大任务之一，并明确提出要“发挥政府主导作用，鼓励和支持社会各方面参与，实现政府治理和社会自我调节、居民自治良性互动”。从社会管理走向社会治理，这是一次重大的观念变革。当前，城乡分割依然是社会治理创新面临的主要障碍。现有的二元社会结构导致社会治理城乡断裂，不仅阻碍了农民融入城市和社会和谐，而且造成了城市“空心化”，影响了城镇化质量。因此，深入推进城乡发展一体化，必须从根本上打破城乡分割的制度篱笆，消除二元管理体制对城乡社会融合的阻碍，统筹城市与农村社会治理，改进社会治理方式，完善社会治理和服务体系，加快推进城乡社会融合，及时化解各种社会矛盾和不和谐因素，推动形成城乡一体化的社会治理新格局。

（一）推进城乡人口管理一体化

长期以来，中国人口管理实行“城乡分治”、“人口分管”的体制。所谓“城乡分治”，是指街乡行政组织和乡村自治组织以户籍属性为界，分别管理和服务城镇户籍人口（非农业人口）和农村户籍人口（农业人口）；所谓“人口分管”，是指在居住地层面，以户籍属地划线，对非本地户籍的流动人口实行单独管理。从中央到地方，各级政府均设有专门的流动人口服务管理机构。这种“城乡分治”“人口分管”的体制，已经不适应经济社会发展的需要，严重阻碍了城镇化和城乡发展一体化进程。为此，必须加快户籍制度和人口管理体制改革，建立城乡统一的户籍登记管理制度和实际居住人口登记制度，实现居住地实有人口的一体化管理。目前，全国大部分省份已经取消了农业户口和非农业户口划分，实行统一的居民户口。在此基础上，还必须建立完善覆盖全国人口的国家人口基础信息库，为跨地区人口流动服务和管理提供支撑。在新形势下，流动人口管理应坚持“以人为本”，要将城际和城乡流动人口全部纳入管理服务范围，切实维护和落实他们的各项合法权益。同时，要依托社区管理服务平台，建立完善城乡一体的流动人口服务管理信息系统，全面加强流动人口管理和服务，以引导人口合理有序流动。

（二）推进城乡社区管理一体化

城乡社区作为一个基层自治组织，是基层社会治理的重要载体，是大多数居民生活的基本依托，是基层社会管理服务的综合平台，也是政府与居民沟通的桥梁和纽带。在社会治理中，城乡社区发挥着基础作用。长期以来，受城市偏向政策的影响，中国城市社区建设成效较为显著，而农村社区建设严重滞后。当前，农村社区普遍存在经费投入不足、公共设施落后、专业人员缺乏、管理体制不顺等问题。在促进城乡发展一体化中，必须抛弃过去那种“重城轻乡”的思想，调整城市偏向的社区政策，着力统筹城乡社区发展，建立城乡一体的社区管理服务体制，加快城乡社区管理一体化进程。

现阶段，重点是加强农村新型社区建设，促进农村社区化管理。在推进农村社区建设中，要尊重农民意愿，不能强迫农民上楼，搞大拆大建。正如中央城镇化工作会议所指出的，要“注意保留村庄原始风貌，慎砍树、不填湖、少拆房，尽可能在原有村庄形态上改善居民生活条件”。有条件的地区，要按照地域相近、规模适度、有利于整合公共资源的原则，因地制宜、积极稳妥推进“撤村建居”，分类分批建立农村新型社区，稳步推进镇、村体制向街道、社区体制转变。要借鉴城市社区的管理模式和服务理念，加强农村社区规划建设，加大公共服务设施投入力度，建立完善社区服务中心和“一站式”服务大厅，不断增强社区服务功能，逐步把社区服务延伸到自然村落，切实提高农村社区综合服务能力和水平。全面推行城乡社区网络化服务管理，推动社会管理权力下放、资金下拨、人员下沉、服务下移，实现“定人、定位、定责、定时”的精细化管理。

（三）建立城乡一体的公共安全体系

维护公共安全和社会稳定是创新社会治理的根本目标。近年来，随着经济社会的快速变迁，中国已经进入公共安全问题多发的高风险时期。这些公共安全问题主要集中在生产安全、食品药品安全、交通安全、建筑安全、网络安全等方面。从生产安全看，虽然近年来安全生产工作取得了积极进展，但形势仍不容乐观。譬如，中国煤矿百万吨死亡率（即每生产100万吨煤炭死亡的人数比例）由2002年的4.94降至2013年的0.293，但仍远高于先进国家。目前，美国煤矿百万吨死亡率已降至0.03，澳大利亚也仅有0.014左右。在食品药品安全方面，近年来各种安全问题集中并频繁爆发，尤其是“毒胶囊”、“瘦肉精”、“农药废渣盐”冒充食盐、“染色馒头”、“毒豆芽”、“黑心北京烤鸭”、“地沟油”、病死猪制作毒腊肠等系列事件的出现，使城乡居民的消费风险系数大大提升。在交通安全方面，全国道路交通死亡人数近年来虽有较大幅度下降，但2012年仍高达6万人，交通安全总体水平与发达国家差距明显。在建筑安全方面，近年来“楼歪歪”、“桥塌塌”、“楼脆脆”等事件也不断出现，建筑质量令人担忧。随着互联网的高速发展，网络安全问题日益凸显，现已成为一个重要的公共安全问题。

各种公共安全问题频发，除了职业道德缺失和安全意识不强外，更重要的是法律制度不健全，管理体系不完善，政府监管乏力。从城乡格局看，中国的公共安全问题基本上是城市“高风险”和农村“不设防”并存。特别是由于经费投入缺乏，交管、消防、治安警力不足，管理主体单一，责任划分不明确，广大农村地区的公共安全状况令人担忧。在很多农村基层尤其是村寨中，公共安全管理基本上无专人负责甚至无人负责。为此，必须树立大安全观，统筹城乡公共安全工作，推动公安、司法、安监、计生、城管等领域的管理由城市向农村延伸，构建城乡一体、协调联动的公共安全体系，包括城乡一体的公共安全突发事件应急处置体系、公共安全行政管理体系、安全生产监管体系、公共安全法律体系、公共安全教育预防体系、公共安全资源保障体系、公共安全防控体系。

（四）充分发挥城乡社会组织的作用

与社会管理强调自上而下的单向垂直管理不同，社会治理更加注重公众参与、社会组织的作用、公民与政府间互动以及多元化主体的共同管理。社会组织来源于民间，由不同群体组成，具有非营利性、非政府性、自治性和公益性的特点，他们在承接公共服务、推进公共治理、反映公众诉求、维护群体利益、化解社会矛盾、推动公众参与、提供公益服务、引领行业自律等方面发挥着重要作用。因此，要创新社会治理，关键是激发社会组织的活力，促进公民与政府间良性互动。首先，要鼓励城市社会组织将服务网络延伸到农村，支持建立城乡一体、形式多样的各种社会组织，如行业协会、科技服务、公益慈善、社区服务、环境治理等社会组织，不断增强社会组织的活力和服务能力。其次，要鼓励和支持社会组织、广大民众积极参与和共同管理社会公共事务。此外，还应加强社会工作者队伍建设，尽快建立一支符合新时期社会治理需要的年轻化、知识化、职业化的高素质社会工作者队伍。

第四章

城乡发展一体化的多元模式

大城市带动大农村的成渝模式

注重区域协调发展的杭州模式

共享型融合发展的莱芜模式

“四化”协调发展的八里店模式

产业园区带动的中鹤模式

中国国土辽阔，各地区发展阶段、资源禀赋和经济社会特点差异较大。近年来，不同地区根据自身经济社会发展条件，在推进城乡发展一体化方面进行了有益探索，积累了丰富的经验，形成了各具特色的多元化模式。归纳起来，主要有大城市带动大农村模式、注重区域协调发展模式、共享型融合发展模式、“四化”协调发展模式和产业园区带动模式等。

一、大城市带动大农村的成渝模式

在城乡二元体制下，城市无论在经济还是社会发展方面都领先于农村。对一些城市尤其是大城市来说，其经济总量甚至超过一些省（区），这些城市有能力依靠自身经济实力带动广大农村地区实现城乡经济社会发展一体化。成都和重庆都是城区人口超过400万人的特大城市，属于典型的大城市、大农村格局。其中，成都下辖9区10县（市），面积约1.21万平方千米，人口1163万人，农村人口占30%以上；重庆下辖19区19县，面积约8.2万平方千米，人口3330万人，农村人口占42%。近年来，成都和重庆通过统筹城乡综合配套改革，依靠大城市带动大农村，积极推进城乡发展一体化，积累了丰富的经验，并取得了可喜的成效。

（一）成渝模式的特点和主要做法

作为全国统筹城乡综合配套改革试验区，成都和重庆推进城乡发展一体化，重点是破除城乡二元体制，建立城乡发展一体化体制机制；优化城乡生产要素配置，根据城乡资源禀赋差异性和产业链上下游特质性，在全域范围优化产业功能分工，深化城乡产业合作；为城乡居民尤其是农村居民，提供基本养老保险以及均等化的医疗卫生、义务教育等公共服务，完善生产和生活所必需的配套基础设施。为让经济社会发展的福利真正惠及城乡居民，两地采取了以下具体做法。

1. 破除城乡二元体制，建立城乡发展一体化体制机制

在建立城乡发展一体化体制机制方面，一是实行县改区的行政区划调整和改革，彻底破除二元结构下城市与农村分割发展、分割管理的体制机制，实行城乡发展统一规划，城乡财政全域统筹。二是打破城乡二元的社会事业管理体制机制，实行城乡居民统一户籍登记和流动管理制度，建立城乡社会事业一体化机制，从制度上保障城乡社会事业一体化发展。三是

打破城乡二元的资源配置体制机制，建立城乡一体化的生产要素市场，推动城乡生产要素优化配置。

2. 建立“地票”交易制度，促进土地要素公平交易、合理配置

土地是产业和城镇发展最主要的要素之一。因此，在工业化和城镇化过程中，土地交易和配置问题便成为影响城乡发展一体化的关键。建立土地交易市场化机制，通过市场形成反映土地资源稀缺程度的土地价格，不仅可以促进土地要素合理流动与配置，而且还可以有效保护土地交易双方特别是农村土地所有者权益，避免城乡二元体制下征地制度对农民和农村利益的侵害。成都和重庆两市通过建立土地交易所，以“地票”为主要形式实现城乡土地要素流动和优化配置，带动资本、技术等其他要素流动与优化配置。所谓“地票”是指在明确土地产权的基础上，通过对农村村庄重新规划和建设，节约集约使用农村集体建设用地，将节约出来的集体建设用地指标，以“地票”的形式拿到市级土地交易所，通过“招拍挂”实现流转。“地票”交易形式，不仅实现了建设用地指标在空间上的重新配置，解决了工业化和城镇化所需要的土地，更重要的是形成了土地的市场价格，较好地维护了村庄和农民的权益，而且还在一定程度上让参与交易的村庄和农民获得了实现城镇化所需的资本积累。如重庆自实行地票交易以来，已累计成交地票12.84万亩，成交金额达261.05亿元，其中农民和集体获得213亿元；地票价格也从最初的8万元/亩提高到20万元/亩左右。

“地票”改革成功的关键，一是激活了城乡土地市场，明确了交易和收益主体；二是国家实行建设用地增减挂钩试点和耕地占补平衡政策，促进了土地利用结构优化。但是，随着国家对增减挂钩、占补平衡政策的变化，尤其是暂停执行异地占补平衡政策，土地跨区域流转被迫暂停，“地票”形式推动土地要素流动和配置的作用受到一定程度限制。

3. 实行“两换”改革，解决农民进城后住有所居、老有所养问题

农村人口城镇化是经济社会发展的必然趋势。成渝两地除了一方面开

放“城门”，允许农村人口进城从事工商活动，另一方面还针对农村居民和家庭缺少进城所需初始资本，缺少社会保障，进城购房成本过高，现阶段政府不具备承担所有进城农民社会保障的能力等实际情况，实行了以农村宅基地换城镇住房、以承包地换社会保障的“两换”改革。例如，重庆市对凡拥有稳定非农收入来源，又自愿退出宅基地使用权和土地承包经营权的农户，可以申报为城镇居民户口，并在子女入学、就业扶持、养老保险、医疗保险、生活保障等方面享有城镇居民同等待遇。

农村居民宅基地换城镇住房、承包地换社会保障的改革，不仅可以解决城镇化过程中农民住有所居问题，使农民有能力承担一部分养老保障费用，而且也可以减轻政府在养老保障建设上的即期压力和负担。实际上，不管是以宅基地换住房还是以承包地换养老保障，都是城乡要素的一种交换和重新配置。

4. 实行“大财政”体制，支持农村公共服务和社会事业发展

首先是改革区县财政体制，实行财政支出全市域统筹。财政市域统筹可以使经济社会发展相对落后的区县得到市级财政的更多支持，有利于缩小区县之间因财政实力不同出现的发展差距。其次是实施“大蛋糕与大比例”战略，建立新型城乡分配关系，即在做大地区经济这块蛋糕的同时，经济发展成果的分配大幅度向农村倾斜，尤其是向农村社会事业发展倾斜。成都市在公共财政支出方面实行两大倾斜，即向相对落后的郊区县倾斜，向民生和公共服务领域倾斜。2006—2010 年市财政对区（市）县转移支付年均增长 32%，高于市级一般预算收入增幅 6.9 个百分点。另据我们对金堂县的调查，金堂县从成都市财政得到的基本农田保护补助每亩就有 400 元。2007 年以来，重庆市财政严格遵循 25∶75 的市与区县支出比例。2012 年，重庆市地方财政一般预算支出 3046 亿元，比上年增长 19.5%。同期，教育、社会保障和就业、医疗卫生、城乡社区事务、农林水事务分别增长了 47.9%、19%、21.7%、26.9%和 28.9%。在公共财政的大力推动下，成渝两市实现了新型农村合作医疗、城乡居民社会养老保险全覆盖，并构建了完备的公共文化投入机制，实现了城乡公共文化资源共享。

5. 实行“三个集中”，促进工业化、城镇化和农业现代化协调发展

如何推动工业化、城镇化和农业现代化协调发展，不仅是中国经济社会转轨需要解决的重要课题，也是摆在大城市带动大农村的成渝城乡发展一体化面前的一道难题。为化解这道难题，成渝两市实行了工业向园区集中、人口向城镇和社区集中、耕地向现代生产经营主体集中的“三个集中”模式，以推动工业化、城镇化和农业现代化的协调发展。

工业向园区集中，可以使城乡产业联系更加顺畅，降低交易成本，释放产业规模效益、范围经济和溢出效应，有利于生产技术进步与竞争力提升，有利于降低基础设施建设投入成本，有利于工业化的推进。工业集聚将进一步带动第三产业发展，而第二、第三产业的蓬勃发展又为农民就业创造了条件，促进农民向城镇转移，推动城镇化进程。农民向收入更高的非农部门转移，以及农村人口城镇化，推动了耕地流转和规模集中，促进了现代农业发展。

（二）对成渝模式的简要评价

成渝城乡发展一体化模式的特点是大城市带动大农村，其能否实现的关键在于体制机制改革。在深化体制机制改革方面，成渝两市都做出了探索和突破，如以“地票”为主的土地交易形式创新，宅基地换住房、承包地换社会保障的创新。这两方面创新，对全国城乡发展一体化探索产生了深远影响和积极推动作用。但是，不可否认的是，城乡发展一体化面临着诸多体制机制障碍，“地票”形式在创新土地交易的同时，也受到政策改变带来的影响。因此，要顺利推进城乡发展一体化，必须毫不动摇地深化破除城乡二元结构的各项改革。

二、注重区域协调发展的杭州模式

中国不仅城乡之间发展差距较大，而且地区之间和城市内部发展也很不平衡，即使像杭州这样发展水平较高的沿海地区，其内部发展不平衡问题也较为突出。为了消除各区县（市）发展的不平衡，近年来杭州市采取

了以区域协调发展为突破口来推进城乡发展一体化的方式。

（一）杭州模式的特点和主要做法

杭州市下辖8个城区、3个县级市和2个县。8个市辖区中萧山区和余杭区是由原来的萧山县和余杭县通过县改区转变而来。包括东部萧山和余杭两区在内的杭州市市区，与杭州市西部临安、富阳、桐庐、建德和淳安五县（市），其经济发展水平存在较大差距。在政府政策的支持下，虽然近年来西部五县（市）经济发展速度加快，但目前这种东西差距依然较大。如果按常住人口计算，2012年杭州市市区人均生产总值达到98697元，而西部五县（市）只有64200元，市区是西部五县（市）的1.54倍，其中萧山区是淳安县的2.25倍；如果按户籍人口计算，市区则是西部五县（市）的2.25倍，其中萧山区是淳安县的3.74倍（见图4—1）。针对城乡之间、区域之间经济发展不平衡状况，杭州市在推进城乡发展一体化过程中，主要采取了以下做法。

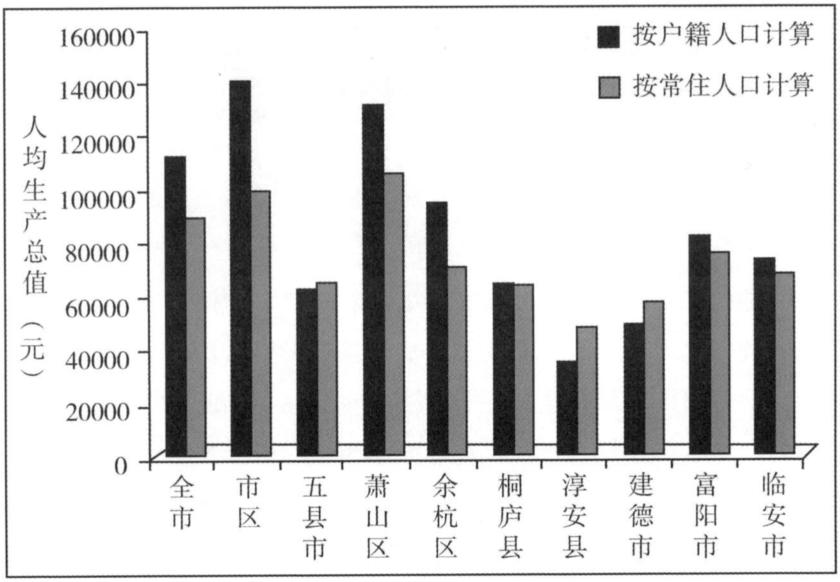

图4—1　2012年杭州市人均地区生产总值比较

［资料来源：根据《杭州统计年鉴》（2013）绘制］

1. 改革创新保障城乡区域发展一体化

针对二元结构体制机制，杭州市进行了五方面改革与创新：一是建立城乡区域一体的规划建设体制机制，完善城乡区域一体化规划体系，为统筹推进城乡区域建设提供保障；二是实行功能分区，建立城乡区域产业发展一体化的体制机制，形成主导功能明确、产业特色鲜明、城乡区域联动的产业发展格局；三是建立城乡区域一体的生产要素配置体制机制，建立城乡区域一体的劳动力市场、土地流转市场、资本市场，推动生产要素在城乡区域之间合理流动与高效配置；四是建立城乡区域一体的公共服务建设与供给体制机制，建立杭州市对西部五县（市）公共服务建设与供给的财政转移支付制度，加快推进城乡区域公共服务均等化进程；五是建立城乡区域一体的社会保障体制机制，在建立并完善农村社会保障体制机制的基础上，及时推动新型农村合作医疗保险与城镇居民医疗保险并轨，以及新型农村社会养老保险与城镇居民社会养老保险并轨，并将主城区农民工统一纳入城镇职工基本养老保险范围，实现城乡区域一体化。

2. 新型城镇化引领城乡区域发展一体化

推动“四化”同步发展是解决城乡区域发展不协调问题，实现以工促农、以城带乡，促进城乡发展一体化的必然选择和必由之路。为此，杭州跳出为城镇化而发展城市的思路，提出走大中小城市协调发展、城市与农村互促共进的新型网络化城市发展道路，以新型城镇化引领城乡区域发展一体化，即在城镇体系建设中按中心城市要求规划建设杭州市区，按中等城市要求规划建设县（市）城，按小城市要求规划建设中心镇，按社区要求规划建设中心村和特色村，形成中心城市——中等城市——小城市——特色镇——中心村——特色村的网络化城镇体系，并通过不同规模城、镇、村之间的有机联系，实现市域范围内城乡区域资源优化配置，优化城乡区域产业和人口空间布局，使网络内不同城市和城镇发展，都具有资源、产业和人口支撑，增强不同城镇以工促农、以城带乡功能，使不同层级城镇具备与其职能相适应的城乡区域统筹发展能力，为全市城乡区域发展一体化奠定基础。

3. 东西互助促进城乡区域发展一体化

杭州市城乡发展一体化既要缩小城乡发展差距，更要缩小区域发展差距。西部五县（市）虽然在杭州市属区县市中经济发展水平较低，但在浙江省则属于经济发展水平较高的县市，因而难以得到省财政重点照顾。针对省财政直管县体制不利于西部五县（市）发展的现象，杭州市在城乡区域发展一体化过程中，创新财政和资金支持方式，除建立了市财政对五县（市）的财政支持体制外（见图4—2），还在财政支出引导下，积极推动以东带西、东西互助、市县联动发展；实施旅游西进、交通西进、基础设施西进；加强市区与县市产业对接和组合，提高产业聚集度；推进五县（市）城镇建设，加快五县（市）融入杭州大都市步伐，实现由郊区县（市）到城区的转变。东西互助有利于生产要素在区域之间合理配置，有利于产业在区域之间合理调整与布局，因而对杭州城乡区域发展一体化起到了积极促进作用。

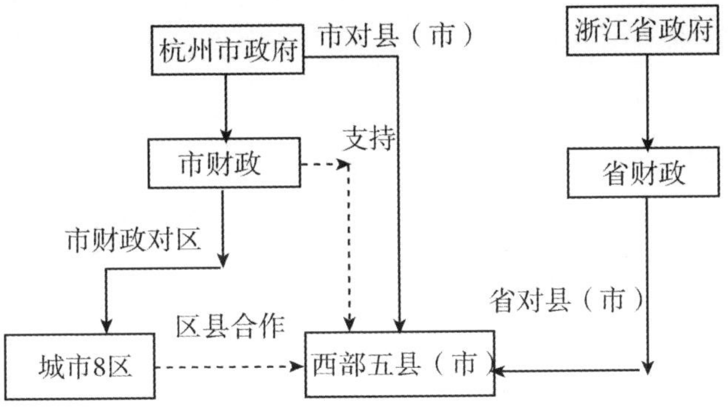

图4—2 杭州市区与五县（市）行政隶属与财政隶属关系

4. 政府主导推动城乡区域发展一体化

政府在推动城乡区域发展一体化中具有主导地位，一方面是因为政府有履行促进城乡经济社会协调发展的职责，另一方面还由于现阶段政府手中握有较多城乡区域发展一体化所需要的资源，以及政府可以在更高层面、更广泛的领域和空间发挥其他组织无法替代的作用。政府作用发挥好坏，既取决于政府对城乡区域发展一体化的认识程度，还取决于政府的执行力度。

2010年以来，杭州市先后出台了《以新型城市化为主导进一步加强城乡区域统筹发展的实施意见》《关于建立区县（市）协作机制推进城乡区域统筹发展的实施意见》《关于建立健全“以工促农、以城带乡”财税长效机制的若干意见》《关于推进现代工业城乡一体化发展的实施意见》等政策文件，成立了由杭州市主要领导亲自挂帅的城乡区域统筹发展工作委员会，以及各级城乡区域统筹发展工作推进领导小组，成立5个区县（市）协作组，建立并完善了城乡区域统筹发展的工作机制，建立了推进城乡区域统筹发展的资金支持体系。杭州市各级政府在推进工作中表现出来的自觉意识和行动，为减少城乡区域发展一体化的行政成本，提高城乡区域发展一体化工作效率提供了保障。

5. 社会协同参与城乡区域发展一体化

在城乡区域发展一体化过程中，能不能调动作为主体的广大城乡居民、企业和社会组织参与城乡区域发展一体化建设，形成政府与社会力量互补，对城乡区域发展一体化的顺利推进至关重要。为此，杭州市开展了社会协同参与的“联乡结村、互助发展”活动，即在城乡区域发展一体化过程中，推动市属有关部门、单位、企业和社会组织与西部五县（市）的乡镇、村庄和企业结成帮扶发展对子，利用市区政府有关部门、单位、企业和社会组织的经济实力、科研实力与市场开发实力，帮助西部五县（市）经济欠发达的乡镇、村庄和企业发展。社会协同参与城乡区域发展一体化，起到了拾遗补缺的作用，而且一些帮扶项目针对性强，市场化运作率高，取得了双赢和多赢效果，在推动城乡区域发展一体化方面的作用显著。

（二）对杭州模式的简要评价

杭州模式的成功之处在于，首先，把缩小城乡发展差距与缩小区域发展差距有机结合起来，通过缩小区域发展差距来推动城乡发展一体化。其次，构建网络化城镇体系，通过加强网络上各结点的城镇功能建设，让不同规模城镇在以城带乡、缩小城乡区域发展差距上发挥最大带动力。最后，根据杭州市社会力量较强的特点，建立了调动社会力量以不同方式参与城乡区域发展一体化的机制，以弥补政府力量的不足。

三、共享型融合发展的莱芜模式

莱芜市是一座以钢铁产业闻名的中等城市。全市土地总面积2246平方千米，总人口129.9万。下辖莱城区、钢城区、高新技术开发区和雪野旅游开发区，是山东省钢铁生产和深加工基地、能源基地、国家新材料产业基地、现代农业综合示范基地。近年来，莱芜市作为山东省统筹城乡发展改革试点城市，把统筹城乡发展作为加快转变经济发展方式的重要突破口，积极推进“六个一体化”、“三个集中”、“两股两建”和“五个融合”，初步构建了城乡体制基本接轨、产业相互融合、社会协调发展、差距明显缩小的发展新格局，形成了具有莱芜特点和示范带动效应的共享型融合发展模式，在全国具有典型性。

（一）莱芜模式的特点和主要做法

自2003年以来，莱芜市积极探索具有自身特点的城乡统筹发展实践，经历了以“镇村自主创业”和“农业产业化”为标志的城乡统筹初步探索时期（2003—2006年），以“六个一体化、三个集中、两股两建”为标志的城乡统筹全面推进时期（2007—2010年）和以“保障民生、融合共享”为标志的城乡统筹深入推进时期（2011年之后），目前已经初步形成了以“共享型融合发展”为本质特征的城乡发展一体化模式。其主要特点和具体做法表现在以下几个方面。

1. 大力推进“六个一体化”

一是按照经济区域化、产业集群化、资源配置市场化、城乡产业融合化思路，对莱芜全域实行一体化规划，并注意各种规划之间的衔接性，发挥规划的引领作用；二是实行城乡产业一体化发展，优化产业布局，集中建设三大产业板块；三是实行城乡基础设施一体化建设，推动城市供水、供电、供气、通信等基础设施向农村延伸，完善农村公用基础设施配套建设，进一步缩小城乡基础设施差距；四是实行城乡公共服务一体化建设，推进城市公共服务资源向农村配置、公共服务向农村覆盖、城市文明向农村传播，解决农村公共服务资源短缺问题，优化城乡公共资源配置；五是实行城乡社会事业一体化发展，破除城乡壁垒，建立健全城乡一体的养老、医疗、住房、救助等十大民生保障体系，实现民生保障城乡居民全覆盖；六是实行城乡社会管理服务一体化建设，整合城乡社会管理资源，推动社会管理重心下移，将社会管理延伸到新型农村社区和重点村，着力打造农村社区化管理服务平台，为农村居民提供全方位社会服务。通过实施“六个一体化”，有效地推动了莱芜城乡融合发展。

2. 积极实施“三个集中”

针对产业集中度高、产业关联度高、居住集中度高和城镇人口比重大的特点，莱芜市在城乡发展一体化过程中，大力推进农业向规模经营集中、工业向园区集中、人口向新城镇新社区集中。通过实施“三个集中”，有效提高了莱芜城乡资源要素的配置效率，促进了城乡经济的集聚发展、集约发展。

第一，出台鼓励土地承包经营权流转政策。建立健全各级各类土地承包经营权流转服务机构，积极探索土地承包经营权流转形式，推动农业向规模化经营转变。出台“双奖”制度，由市财政对组织流转耕地的村集体、受让耕地的大户和企业，分别给予每亩一定额度的货币奖励。按照依法、自愿、有偿原则，积极推动“企业＋村级组织＋农户”的土地租赁合作模式、“企业＋合作社＋农户”的带地入社模式、企业带动下的“农户＋农户”转包经营等多样化土地流转模式，稳步推进土地承包经营权流转，促进农业生产规模化经营。

第二，遵循“项目集中、发展集约、产业集群、污染可控、环境治理”原则。高起点规划建设高新技术产业示范区和工业园区，出台一系列鼓励工业企业向两区集中的政策。例如，为了有效解决工业布局分散，特别是针对部分地处偏远山区、水源保护区或生态脆弱地区的乡镇不适合发展工业的客观现实，莱芜市政府出台了一系列项目管理和利益分配政策，引导和鼓励这些乡镇突破行政区域界限，将招商引资项目异地安置在高新区、工业园区等集聚发展。

第三，取消按城乡划分的户籍登记管理制度，建立统一的居民登记和管理制度。积极探索根据居民有无承包地调整最低生活保障、抚恤优待、退伍军人安置等政策标准，逐步消除附加在户籍制度上的养老、医疗、计划生育等各种城乡差别。同时，大力推进新城镇、新社区建设和“城中村”改造，完善用地和拆迁补偿、就业安置等政策，促进人口集中居住。

3. 深化“两股两建”改革

“两股两建”改革是指土地承包经营权股权化、农村集体资产股份化和建立新型农村合作经济组织、建立城乡建设用地流转制度的改革。

为促进农业规模化生产和加强现代农业建设，在坚持耕地集体所有、家庭承包经营和耕地用途不变等基本政策的前提下，莱芜市选择农业产业化基础较好、农业能实行企业化管理或有外来企业投资开发的村，进行土地承包经营权股权化改革。第一步是对农村土地承包关系确权登记，并发放《土地承包经营权证》；第二步是把农民土地承包经营权量化为股权，如雪野旅游区黑山村，按 0.7 亩耕地折算为一股的标准，将全村 405 亩土地承包权折算为 579 股个人股，将 115 亩集体经济林地折算为 164 股集体股，成立了“黑山村土地股份专业合作社”，与丰远集团合作进行开发经营。通过土地承包经营权股权化改革，不仅实现了土地承包经营权的价值量化，而且为农民以股权形式流转承包土地的经营权，获取承包土地的资本化收益提供了合法、合理标准，推动了土地承包经营权流转，维护了土地承包经营农户利益。

对集体资产或经营性资产进行股份制改造，一是先将集体资产划分为集体股和个人股，规定集体股不能超过总股份的 30%。集体股收益主要用于养老、托幼、计生、优抚、抚恤等公益事业发展。二是按集体经济组织成员人数、个人“农龄”等因素将个人股分为人口股和“农龄股”，前者体现公平，人人都有，后者按对集体资产贡献大小来分配，体现贡献率。然后按各人应得份额将股份分配到人，实行股随人走。股份化后集体股和个人股可以股份形式参股企业，也可以参股农村新型合作经济组织，股权可抵押、继承、出售、转让，但不得退股提现。集体资产股份化后，有利于资产所有者对资产使用进行监督，有利于集体资产保值增值，有利于维护集体资产所有者利益。

结合土地承包经营权股权化改革，莱芜市出台各种激励政策，鼓励新型农业经营主体发展，促进农业生产经营方式转变，提高农民组织化程度和农业产业化水平；鼓励集体建设用地流转，建立城乡建设用地统筹安排、农村建设用地指标有偿使用机制，解决城市建设用地不足与农村集体建设用地存在不合理使用的矛盾。同时，积极探索农村土地承包经营权质押贷款、集体土地房屋抵押贷款、集体林权抵押贷款等多项农村产权贷款融资办法。

4. **推动“五个融合”**

加强和推动多层次的城乡融合，构建新型城乡工农关系，是形成城乡发展一体化新格局的需要。莱芜市的具体做法如下：一是推进产业融合。重点是提高产业布局的科学性，着力打造城乡产业融合聚集区；加大产业组织创新力度，鼓励不同所有制形式企业之间的重组和股份制改造，实现城乡产业深度融合；推动农业规模化、产业化和标准化建设，提高农业生产竞争力。二是加强市场融合。建立城乡统一的劳动力市场，对城乡劳动力就业和技能培训实行统一管理与服务，为城乡劳动力提供一体化的社会保障；建立城乡统一要素市场，以“两股两建”改革为突破口，推动集体建设用地有序流转，提高集体资产流动性；构建一体化的城乡商品市场体系，满足城乡居民不断增长的消费需求。三是实现居民融合。取消按城乡划分的居民身份登记和管理制度，实行城乡居民身份一元化登记和管理；通过城镇化推动城乡居民居住空间融合和住房保障融合，消除因身份差别产生的各种不平等待遇。四是促进社会融合。积极推动社会保障体系融合，建立健全农村社会保障体系和社会保障网，不断提高保障水平，推动社会保障标准的城乡接轨；推动城乡社会服务融合，建立一体化服务组织，实行一站式服务。五是实施生态融合。加强生态建设投入，重点推进节能减排建设，鼓励发展循环经济，对城乡污染进行综合治理；加强城乡饮水安全建设，大力推动环境整治，建设美丽乡村。通过推进“五个融合”，打破城乡分割的发展格局，实现了城乡资源共享、发展机会共享、发展公共服务共享和发展成果共享。

（二）对莱芜模式的简要评价

莱芜模式的特点是以“两股两建”改革为突破口，以“六个一体化”和“三个集中”为路径，在全面推进产业融合、市场融合、居民融合、社会融合、生态融合的基础上，实现发展资源、发展机会、发展公共服务和发展成果的城乡共享。因此，莱芜模式的本质就是以“四个共享、五个融合”为特点的共享型融合发展。城乡融合是城乡共享的基础也是前提，没有城乡融合就不可能有城乡共享。从城乡分割走向城乡融合，从城乡分享走向城乡共享，实际上是城乡、工农利益关系的调整与优化。莱芜模式的成功之处就在于正确处理好了城乡工农关系。

四、“四化”协调发展的八里店模式

中国有 3.33 万个乡镇，其中建制镇 1.97 万个。这些小城镇不仅是中国城镇金字塔中数量最多的底座，也是架在大中小城市与农村之间的桥梁。它们在城镇体系和市场网络中意义重大，没有次中心、亚中心，主中心也就不复存在；没有农村、镇、小城市在整个市场网络中相互的联系，整个市场体系也就无法正常运转。正因为如此，以小城镇为中心的农村市场中心建设是促进农村地区发展的重要潜在力量。施坚雅也认为，处在基层市场社区中心的集镇一旦完成了向较高层次集镇的变革，成为整个都市网络圈中的基础城市，其对基层市场社区所覆盖的村庄的影响更强。此外，费孝通为我们描述了开弦弓村村民是如何与城市工业发生经济联系的，以及该村村民是如何接受现代工业影响的全部过程。中外学者关于小城镇在工业化和引领农村经济社会发展方面的论述，揭示了小城镇在工业化、城镇化和农业现代化中的重要作用。浙江省湖州市吴兴区八里店镇（南片地区）推进城乡发展一体化的经验，对全国小城镇统筹城乡发展具有重要的借鉴意义。

（一）八里店镇模式的特点和主要做法

八里店镇是浙江省湖州市吴兴区的一个镇。2010年经浙江省政府批准，该镇南片地区成为省级新农村综合改革试验区。八里店镇南片地区，南接申嘉湖高速，北临长湖申航线，西至318国道外环线南延，东连南浔区旧馆镇，总面积34平方千米，区内有6个行政村，101个自然村，农户4406户，人口16083人，耕地总面积18820亩，养殖水面面积4990亩，宅基地面积2303.7亩。该地区距湖州市中心城区5千米，与东部新区隔河相望，是湖州离中心城市最近的农村区块之一。目前，八里店镇（南片地区）已建成标准农田1.1万亩，建立了移沿山现代农业示范园，形成了移沿山木线条加工、尹家圩经编织造、紫金桥玉米种植、路村淡水鱼养殖等一批特色专业村，区内84%的农村劳动力已实现非农就业转移。在推进城乡发展一体化方面，八里店镇（南片地区）采取了以下措施。

1. 加快体制机制创新，为城乡发展一体化保驾护航

针对当前发展中存在的诸多问题，八里店镇（南片地区）结合土地利用总体规划修编时机，对镇域总体规划和村庄布局规划进行调整，科学编制、认真实施土地综合整治规划及各类专项规划，统筹安排区内生产、生活、生态等用地规模和布局，并为整体推进社区建设、产业发展、公共事业发展、农田水利建设、生态保护等实行了以下六方面创新：一是围绕土地流转和农业园区建设经营，创新现代农业可持续发展机制；二是围绕农村土地综合整治和加快农房改造建设，创新社区规划建设管理机制；三是围绕特色经济发展、壮大村级收入和促进农民增收，创新富民强村增收发展机制；四是围绕生态保护和美丽乡村建设，创新生态文明建设示范机制；五是围绕改善民生、提高农民素质、促进社会和谐，创新基本公共服务供给机制；六是围绕破解城乡发展一体化资金瓶颈，创新区域建设投融

资机制。这六方面机制创新，为顺利推进城乡发展一体化提供了保障。

2. 以社区建设为抓手，缩小城乡社会发展差距

中国村庄不仅人口规模较小，一般来说一个自然村人口在100～200人之间，一个行政村人口在2000～4000人之间，而且比较分散。受此影响，公用基础设施建设和公共服务成本要比人口适度规模集中居住状况下的建设和服务成本高。例如，在新农村建设中实行的村村通公路，其中一些地处偏远或者山区的村，修筑公路的成本就较高。再如，为了让每一名农村适龄儿童都能接受义务教育，只好村村办小学，哪怕这个村庄只有十几名孩子，也要办一所小学。因此，公用基础设施建设和公共服务的效率就会受到影响。打破村庄人口规模过小，在现有行政村基础上实现人口适度规模集中，是降低公用基础设施建设和公共服务成本，提高公共服务效率的有效途径之一。

中国正处于城镇化快速推进时期。一方面农村人口进城步伐在加快，另一方面以新型农村社区建设为主的就地城镇化得到了快速发展。新型农村社区建设与以往农村人口向小城镇迁移有着许多明显不同，也与以往政府主导下对村庄行政隶属关系调整引发的人口居住空间调整截然不同：一是人口居住空间调整形式多样，既有向农村小城镇集中，也有就地以一个行政村为主实行多村合并，但无论是向小城镇迁移，还是实行多村合并的新型农村社区建设，都是城镇化和经济社会发展进步的体现。二是实行综合配套建设。新型农村社区建设过程中突出了产业园区、公共服务和公用基础设施配套建设，社区居住、就业和服务功能与城镇接轨。如果新型农村社区建设仅仅做到了人口集中而没有就业支撑、公用基础设施改善和公共服务效率提高，那么这样的人口集中居住只不过是传统村庄的叠加，就村庄而言没有发生实质性改变。

八里店镇（南片地区）在建设新型农村社区的同时，从缩小城乡基础设施、公共服务和社会事业发展差距着手采取了以下措施：一是利用靠近吴兴城区的有利条件，将城区水电气路等基础设施向农村社区延伸，改善了生产和生活环境条件；二是配套建设相应的医疗、教育、文化、就业，

以及社会管理服务等机构，实行城镇化管理；三是建立健全社会保障体系，实现对社区成员的社会保障全覆盖；四是根据经济发展情况，本着先易后难，先少后多的原则，逐步实行农村居民社会保障标准与城镇居民社会保障标准接轨，全面缩小城乡居民社会保障方面的差距。

3. 实行全域统筹建设，推动“四化”协调发展

实行全域统筹建设，推动工业化、城镇化、农业现代化和信息化协调发展，是八里店（南片地区）城乡发展一体化采取的一项重要举措。具体做法体现在三个方面。

第一，成立负责全域统筹开发领导小组。在领导小组直接领导下，对全域城乡建设、经济发展和社会发展进行中长期规划。科学规划居民生活区、工业生产活动区、农业生产活动区以及行政管理办公区并统筹建设。

第二，实行全域一体化开发建设模式，提高建设效率。八里店镇（南片地区）采用市场化的开发建设模式，即在全域统一规划的指导下，成立一个专门性开发公司，由公司按照规划要求筹集建设资金，同时对全域土地进行整治，整治后集约节约出来的集体建设土地，在区域内封闭使用，统一开发和实施建设。

第三，实行“三项”统筹，增强协调发展能力。为更好和更有效推动城乡发展一体化，八里店（南片地区）在建设和发展过程中实行了三项统筹：一是统筹农业、工业和第三产业发展，完善各园区建设，实行统一招商引资，推进全域工业化、农业现代化和现代服务业同步协调发展。二是统筹全域公路、公交、电力、供水、邮政、信息、电信、广电等基础设施建设，全面治理农村污水、垃圾等面源污染。三是对全域居民就业、养老、医疗、救助、权益等五大社会保障事业，以及教育、公共卫生、公共文化、农技推广、商贸流通等五大服务领域进行统筹建设，确保社会保障和公共服务与经济协调发展。

（二）八里店模式的实效及其评价

1. 八里店城乡一体化的成效

围绕解决“三农”发展这个大目标，按照工业化、城镇化、农业现代

化和信息化同步推进、协调发展要求，八里店镇（南片地区）以农村居住向新型社区集中、家庭工业向工业小区集中、农业生产经营向现代经营主体集中为抓手，在34平方千米土地上高起点规划、高标准建设、高速度推进工业生产功能集中区、现代农业生产功能集中区和农民生活功能集中区建设，推动城乡发展一体化。

目前，八里店镇（南片地区）城镇道路框架基本成形，生活基础设施和公共服务设施“成龙配套”；包括紫金桥、永福、移沿山在内共34万平方米新型农民居住社区建设基本完成，绝大部分农民告别了传统村庄搬入新型农村社区居住，不仅实现了居住条件和环境的根本改善，而且教育、医疗卫生、养老等社会事业得到了快速发展，低保和社会救助方面实现城乡接轨，城乡差距逐步缩小；围绕稻谷、瓜果蔬菜、特种水产“三个万亩园”的现代农业生产功能区，对促进农业增产和农民增收发挥了重要作用，现代农业发展水平得到极大提高；“家家点火、户户冒烟”的家庭工业全部进入工业园区，工业污染得到有效控制，城乡产业深度融合取得显著成效。2011年，全镇完成地区生产总值80.02亿元，同比增长16.25%；农民人均纯收入15800元，同比增长12%；完成财政收入6.38亿元，同比增长23.61%；三次产业结构为2.59∶78.65∶18.76。

2. 对八里店模式的简要评价

八里店（南片地区）城乡发展一体化特点比较明显，一是通过功能区建设，实现人口居住城镇化、产业发展园区化、农业生产专业化，把全域统一开发与新型工业化、新型城镇化、新型农业现代化和信息化很好地结合起来，体现了产城互动、工农互惠、城乡互利发展。二是通过城镇基础设施和公共服务功能向新型社区延伸，扩大了城乡融合的深度与广度。三是创新土地使用制度，集体建设用地整治后节余的土地，不实行区外置换，全部用于八里店（南片地区）城乡发展，让改革红利惠及区内全体居民。

五、产业园区带动的中鹤模式

改革开放以来，中国各类产业园区发展迅速，现已成为推动中国经济增长的重要引擎。从城乡发展一体化的角度看，不同产业园区所起的作用并不相同。有的产业园区从人口和产业聚集规模看，本身就是一座城市，形成了以园促城、产城互动的发展格局，但这些园区除了在征地和用工上与当地产生一些联系外，实际上在以城带乡、推动当地农村和农业发展上，并没有建立起一种互动互促关系，其对农村发展的影响较小。相反，有一类产业园区的发展与农业和农村息息相关。这类产业园区通过参与新型农村社区建设，不仅实现了自身发展，而且也推动了当地城乡发展一体化。河南鹤壁的中鹤产业园就是其中的一个典型代表。

（一）中鹤模式的特点和主要做法

中鹤产业园坐落在河南省鹤壁市浚县王庄镇，是中鹤集团自主建设的以小麦、油料加工及延伸产品生产为主的产业园区。中鹤集团成立于1995年，是河南省著名的农业产业化龙头企业，2012年固定资产总值达到30亿元，实现生产总值26亿元。近年来，中鹤集团在发展过程中遇到了两个明显瓶颈：一是集团扩大再生产的工业建设用地很难解决；二是集团加工的小麦绝大多数都靠外地收购，小麦质量缺少必要保障。因此，从解决企业扩大生产规模和建设自有优质小麦生产基地的角度考虑，中鹤集团主动出资参与当地新型农村社区建设，不仅解决了上述两个发展瓶颈，而且通过产业园区带动，实现了农业生产规模化经营，形成了以工促农、以城带乡、工农互促、产城融合的城乡发展一体化格局。

1. 以新型城镇化引领推动工业化

王庄镇下设13个行政村，有6万多名农村户籍人口、13万亩耕地，是一个以小麦生产为主的乡镇。中鹤集团以新型城镇化引领推动工业化的具体做法：一是对全镇按照居民生活居住区、工业园区和现代农业园区进行功能分区和规划；二是计划用2～3年时间分三期投资建设“中鹤新城”新型农村社区，最终让全镇6万多农村人口搬入新型农村社区居住；三是将农村人口集中居住后节约出来的集体建设用地，按政策要求进行复垦，结余指标用于工业园区建设，推动工业生产发展。截至2013年年底，一座集路、电、气、水、电讯、垃圾和污水收集等基础设施完备，教育、医疗卫生、文化体育等公共服务齐全的“中鹤新城”初步建成，部分农村居民已入住新城。同时，一座占地3平方千米的中鹤产业园已进入最后建设阶段，预计建成后可以大幅度增加中鹤集团的产值。“中鹤新城”建设，一方面推动了王庄镇农村人口城镇化进程，另一方面又解决了企业发展用地瓶颈，推动了中鹤集团的发展。

2. 以新型工业化促进农业现代化

农业劳动力向非农产业转移主要受到两方面力量的影响：一是来自农业劳动生产率提高产生的农业内部对劳动力的向外推力；二是来自非农产业高工资收益产生的拉力。中鹤产业园较高的职工工资性收入不仅对王庄镇农业劳动力有较大吸引力，而且产业园区规模可以完全满足王庄镇劳动力的就业需要。在这样一个背景下，王庄镇大量农业劳动力进入产业园区工作，为中鹤集团以工促农、工业反哺农业，实现农业规模化生产创造了条件。一是通过建设中鹤产业园，吸收全镇4000多名劳动力进入园区就业，实现劳动力就地转移；二是以租赁方式将全镇13万亩耕地从农户手中租赁过来，租赁期30年，租金以当地平均亩产1000～1200斤小麦折现计算，建立自有优质小麦生产基地，实现农业规模化生产，确保小麦生产质量；三是中鹤集团出资对租赁农田进行高标准建设，截至2012年年底，中鹤集团已完成3万亩的土地综合整治，新打机井600多眼，铺设地埋管道500余千米，架设电力线路50千米，修建道路60千米，安装星陆双基设备8套。2012年项目区分别首创全国3万亩以上连片小麦平均亩产超600千克、连片玉米平均亩产超750千克纪录，实现了小麦、夏玉米两季亩产1394.4千克的高产纪录；四是以中鹤集团出资购买大型农机具为主，联合当地农业生产大户，成立农机合作社，并将租赁来的农田反包给农机合作社，由这些承包大户按照中鹤集团要求的统一标准进行小麦生产，实现了小麦生产的机械化、信息化、标准化和优质化，推动了现代农业建设与发展。

（二）对中鹤模式的简要评价

新型农村社区以及与此有关的工业园区建设，已经成为新型工业化、新型城镇化、新型农业现代化和信息化的重要内容。从发展的角度看，以新型城镇化引领推动新型工业化，新型工业化支撑城镇化和推动农业现代化建设的中鹤模式具有普遍性。中鹤模式之所以能够在以工促农、以城带乡、工农互促、产城融合发展上取得成功，最主要的因素是建立了以市场为基础、以利益为纽带的新型城乡工农关系。这样的城乡工农关系相互制约、环环相扣，一荣俱荣、一损俱损，任何非帕累托的制度改进，都将打破利益平衡，破坏已形成的城乡工农关系，并危及城乡发展一体化。因此，从利益关系构建的角度出发，彻底破除导致城乡二元结构的旧的城乡工农关系，建立以市场为基础，以利益为纽带的新型城乡工农关系，是实现城乡发展一体化的根本保障。

第五章

城乡一体化下的新农村建设

构建新型农业生产经营体系

加快农村产权制度改革

推进农村新型社区建设

加强农村病的综合治理

当前，中国农业已进入生产高成本时代，农村发展正处在非常关键的时期。为彻底破解“三农”问题，加快全面建成小康社会步伐，2005年中共十六届五中全会做出了建设社会主义新农村的战略部署，并提出了“生产发展、生活宽裕、乡风文明、村容整洁、管理民主”的具体要求。中共十八届三中全会又进一步提出，要“促进城镇化和新农村建设协调推进”。在当前城乡发展一体化的背景下，新农村建设具有更加丰富的内涵。尤其是，如何构建新型农业经营体系，加快农村产权制度改革，赋予农民更多财产权利，稳步推进新型农村社区建设，综合治理因工业化、城镇化造成的“农村病”，对于促进城乡发展一体化和构建新型城乡工农关系具有十分重要的意义。

一、构建新型农业生产经营体系

农业生产经营体系包括农业生产组织体系、农业生产服务体系和农业生产技术体系等三大体系。构建新型农业生产经营体系，是中国现阶段农业生产发展的要求，更是建设现代农业生产方式的需要。

根据农业发展对生产要素的依赖程度、生产采用的技术手段和工具以及生产的组织方式，一般可以把农业划分为传统农业发展阶段、农业现代化发展阶段和现代农业发展阶段。不同发展阶段上建立起来的农业生产经营体系，既有一定联系与延续性，也存在明显差别。

在现代农业发展阶段，由于农业生产率的增速往往超过工业部门，农业在这一阶段完成了从资源型产业向科学型产业的转换，成为“科学型产业”。科学型产业的重要标志，就是要实现生产组织方式科学和可持续、生产技术科学和可持续、生产服务科学和可持续。

打造以农产品为主的全产业供应链（见图5—1），以全产业供应链作为现代农业产业融合平台，培育具有全产业链供应能力的农业生产企业，提高农业生产组织化程度；建立科技产业联盟，发挥科技集成对现代农业建设的支撑作用；发挥金融保险和现代物流基础性作用，增强对现代农业发展的保障能力，不仅符合现代农业发展规律，也符合农业生产的经济可持续、技术可持续、管理可持续、生态可持续和社会可持续发展要求。[①]而培育多元农业生产经营主体，推动耕地流转和实现规模经营，建立健全农业生产服务支撑体系，是当前构建新型农业生产经营体系的主要任务。

---

① 社会可持续包括生态可持续和食品安全可持续，因此，又可以将现代农业发展的要求看作经济可持续、技术可持续、管理可持续、生态可持续和食品安全可持续等五个可持续。

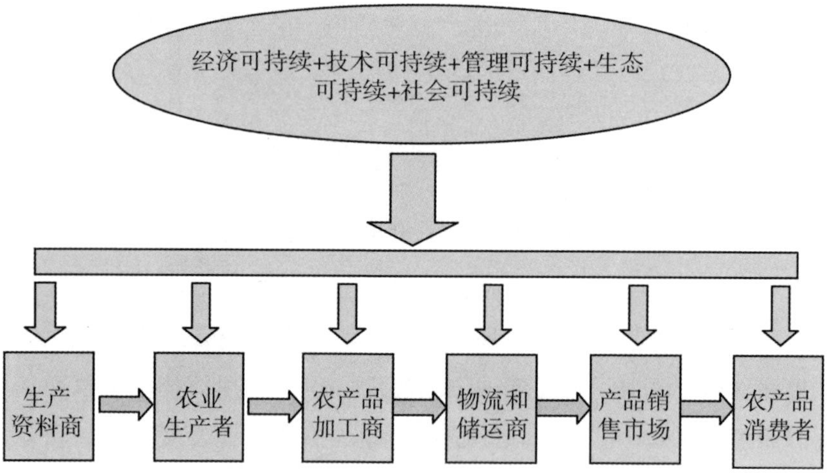

图5－1 现代农业全产业链供应模式

（一）培育多元农业生产经营主体

2014年1月，中共中央、国务院发布的《关于全面深化农村改革加快推进农业现代化的若干意见》明确提出，构建新型农业经营体系“要立足国情农情，坚持家庭经营为基础与多种经营形式共同发展”。农业生产力的发展水平和农业生产领域的差异性，对农业生产经营主体的形成起到了关键性作用。农业既包括种植业，也包括畜牧业、水产养殖业，甚至林业。在种植业内部既有像谷物、棉花、油料这样适合大规模生产的大宗农产品，也有像杂粮、蔬菜这样适合家庭生产规模生产的农产品，因此代表不同生产力发展水平的生产经营主体都有存在的必然性和必要性，农业生产经营主体应该是多元化的。正因为如此，中共十八届三中全会通过的《中共中央关于全面深化改革若干重大问题的决定》指出：“鼓励承包经营权在公开市场上向专业大户、家庭农场、农民合作社、农业企业流转，发展多种形式规模经营”，所以培育多元现代农业经营主体是一种客观发展需要。为此，需要围绕生产力发展水平因地制宜，因农产品而异，因企业和生产者条件而异培育多元现代农业生产经营主体。

1. 大力发展农业产业化龙头企业

大力发展农业产业化，积极培育具有生产规模的农业龙头企业。具体说就是在适合规模化生产的大宗农产品生产领域，重点培育具有形成全产业链供应能力的大型农业生产企业、大型农产品加工龙头企业，以及具有一定规模的农民合作社和联合社，充分发挥这三类主体在带动农户生产、推动农业产业化以及构建现代农业发展新格局上的作用。鼓励和支持工商资本进入农业生产领域进行农业开发，解决农业发展在资本、技术、管理和销售上的瓶颈，特别要发挥工商资本的创新作用，将线下实体生产与线上（网络）资源整合、建立销售渠道等有机结合起来，形成农业发展新模式，推动中国现代农业快速健康发展。

2. 稳步推进农民合作社发展

发展农民合作社是家庭联产承包责任制下农户生产发展、农业劳动生产力水平提高的诉求。发展农民合作社，既需要政策的大力推动，也需要政策的引导规范，决不能再走先发展后规范的老路。要建立和完善发展农民合作社所需的金融信贷支持体系、农业生产保险体系、农产品商贸物流体系，为农民合作社提供全方位的社会化服务，并在土地流转、税收、人力资本培养等方面，解除他们的后顾之忧。

3. 积极培育家庭农场和专业大户

家庭农场和专业大户都是新型农业生产经营主体的成员，是先进农业生产力的代表。积极培育家庭农场和专业大户，一是深化农村土地流转制度改革，解决家庭农场和专业大户扩大经营规模面临的土地“瓶颈”；二是建立家庭农场和专业大户等新型主体的认定标准和制度，促进家庭农场和专业大户名副其实地健康发展；三是将当前普惠式的农业支持政策，调整并瞄准新型农业主体，尤其要聚焦到家庭农场和专业大户，建立与家庭农场和专业大户发展相适应的金融信贷、税收、保险等服务体系，满足他们的发展需要。

（二）推动耕地流转实现规模经营

从国家统计局公布的资料看，近年来，随着外出打工的农民数量持续增长，农民纯收入中工资性收入逐年增加，占农民纯收入的比重不断提高

（见表 5—1），农民转让土地承包经营权的条件逐渐成熟。据统计，截止到 2012 年年底，全国耕地流转规模已达 2.7 亿亩，占家庭耕地承包总面积的 21.5%，在经济快速发展的沿海省份，如浙江省，耕地流转面积已经超过农民承包经营总面积的 50%。可以认为，中国目前已经具备了加快耕地流转、发展适度规模经营的条件。当前，耕地流转发展比较快的地区，主要是从以下三个方面入手来推动土地承包经营权流转和实现耕地集中。

表 5－1　2008—2012 年农民工资性收入和农民工数量

年份	农民人均工资性收入		农民工数量	
	元	增长（%）	万人	增长（%）
2008	1853.7		22542	
2009	2061.3	11.2	22978	1.9
2010	2431.1	17.9	24223	5.4
2011	2963.4	21.9	25278	4.4
2012	3448.0	16.3	26261	3.9

［资料来源：中国社会科学院农村发展研究所、国家统计局农村社会经济调查司，2013］

第一，发展土地股份合作社，推动耕地流转。在坚持家庭承包经营制度不变的基础上，本着农民自愿、有偿和市场化原则，以土地股份合作社的形式，将碎片化的土地集中起来实现规模化生产。主要做法是，将家庭承包经营的耕地按面积折股加入土地合作社，合作社按照农户入社股份和约定的方式对农民进行支付。

第二，建立市场化承包经营权流转交易平台，推动土地流转，实现规模化经营。工商资本参与新型农村社区建设，推动农村劳动力转移和土地流转，实现规模化生产经营，既是新型城镇化、新型工业化、新型农业现代化和信息化同步发展的要求和体现，也是当前现代农业发展的一种潮流。流转收益是影响土地承包经营权流转的关键。从各地发展情况看，耕地流转价格形成主要有以下几种形式：一是参考作物单产水平，约定亩均实物租金量，每年再按实物的市场价格确定实际支付的货币租金。例如，苏南的流转租金一般是每亩 800 斤稻谷；河南是每亩 1000～1200 斤小麦。二是入股分红与雇佣工资相结合实现流转收益。三是建立土地银行，即将土地“折现”存入一个类似“银行”的机构，按照一定的标准获取利息收入和分红。

第三，集体经济组织土地规模化集中经营。在一些经济实力比较强的村庄，村级企业吸收了大量本村劳动力，根据发展需要，这些村由集体经济组织发起又将已承包到户的土地重新集中，实行规模化生产。由于土地流转是在村民与村集体经济组织之间进行，摩擦成本比较小，土地重新集中实行规模化生产比较容易。

第四，政府推动。政府对土地流转实行补贴，鼓励农户进行土地承包经营权流转，对促进土地流转和实现规模经营起到了积极的作用。例如，苏州市对流转耕地给予每亩 400～600 元不等的补助。

（三）建立健全农业服务支撑体系

现代农业经营体系是包括产前、产中和产后在内的一个完整的生产经营体系。因此，建立健全农业服务支撑体系也要从产前、产中和产后来着手。具体体现在以下三个方面。

第一，加强产前科技服务支撑体系建设。重点打造一批科技产业联盟，每个联盟由大专院校和科研院所相关科学家作为首席科学家，并由其带领一个实验室或一个研发团队，联系 N 个相关的农业生产企业。通过联盟促进农业科技研发与产业化，在农产品新品种和新技术研发上力求突破，为现代农业发展提供优良品种和实用新型技术。

第二，加强产中专业化服务支撑体系建设。受农业生产中分工不断细化的影响，专业化生产格局逐渐形成。因此，产中的社会化服务体系建设，应放在积极扶持气象、农田整治、兴修水利、机耕、机播、机收、病虫害防治等各种形式的社会化服务上，并使之专业化。同时，也要建立与生产方式相适应的金融信贷和保险服务，满足农业生产对金融和保险的需求。

除了在以上方面建设专业化的服务体系之外，当前应随着农村劳动力的大量转出，重点发展能够提供集产前、产中和产后一条龙式服务的“代耕式”专业化服务组织，既可以满足那些仍然想保有土地但缺少种植能力或时间的农户的需要，也可以提高农业生产效率，增加农民收入。

第三，加强产后社会化服务体系建设。积极支持仓储、运输、物流配送等社会化、专业化服务体系建设，减少农产品在仓储、运输、物流配送中的损耗和费用；建立支持农产品品牌创建的专门化服务体系，为农产品品牌创建和维权提供法律方面的专门化服务。

二、加快农村产权制度改革

农村产权制度改革的主要内容包括农地产权制度改革、集体建设用地产权制度改革、集体经营性资产产权制度改革等方面，其改革目标是在保障农民财产权利的基础上，增加农民合理合法的财产性收入。

（一）农民财产性收入发展的基本情况

粮食增产与农民增收过程中，农民的收入结构也在发生变化。这种变化既是国民经济结构调整在农业农村发展上的反映，也是与财产收益息息相关的法律法规等制度进步的表现。

1. 农民收入增长的结构分析

2012 年，全国农民人均纯收入达到 7916.6 元，比 1978 年增加了 7783 元，增长 58.26 倍（见图 5—2），即使按不变价格计算也增长了 10.77 倍。不仅如此，农民人均纯收入结构也发生了明显变化。1978 年，按收入性质划分，在 133.6 元纯收入中，生产性收入 124.05 元，占农民纯收入的 92.9%；非生产性收入 9.52 元，占农民纯收入的 7.1%。在生产性收入中，第一产业收入 113.47 元，占 91.5%；第二产业收入 10.58 元，占 8.5%；没有第三产业收入。非生产性收入包括转移性收入和财产性收入，但从当时发展情况看，农民几乎没有什么可供获取收入的财产，因而非生产性收入主要是各种转移性收入。

与 1978 年相比，2012 年全国农民人均纯收入总量和结构均发生了巨

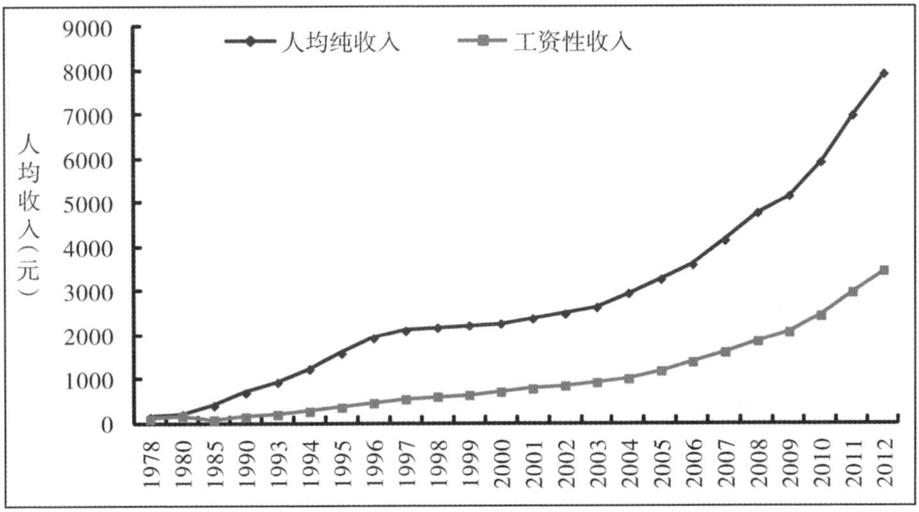

图 5－2　1978—2012 年中国农民人均纯收入和工资性收入增长

［资料来源：根据《中国统计年鉴》(2013) 绘制］

大变化。农民人均纯收入中工资性收入已经超过 40%，而且转移性收入和家庭经营收入中服务业收入比重也明显增加。2012 年，全国农民人均纯收入为 7916.58 元，其中，工资性收入 3447.46 元，占农民纯收入的 43.55%，而 1990 年仅有 20.22%；家庭经营性收入 3533.37 元，占农民纯收入的 44.63%，而 1990 年为 75.56%。工资性收入比重迅速上升，说明非农就业已成为农民越来越重要的收入来源。转移性和财产性收入两者合计为 935.75 元，占农民纯收入的 11.82%，比 1990 年提高了 7.60 个百分点。其中，财产性收入为 249.05 元，占农民纯收入的 3.15%，比 1995 年所占比重 2.6%增幅不大（见图 5—3)。这说明，农民财产性收入不仅规模小、比重低，而且增长缓慢。

2. 财产性收入将成为农民收入的新增长点

财产性收入是指家庭拥有的动产和不动产所带来的收入，包括出让财产使用权所获得的利息、租金、专利收入以及财产营运所获得的红利收入、财产增值收益等。它具有以下几层含义：一是财产性收入的基础来自财产，而不是其他方面；二是财产性收入的产生来自财产的交易或出售；

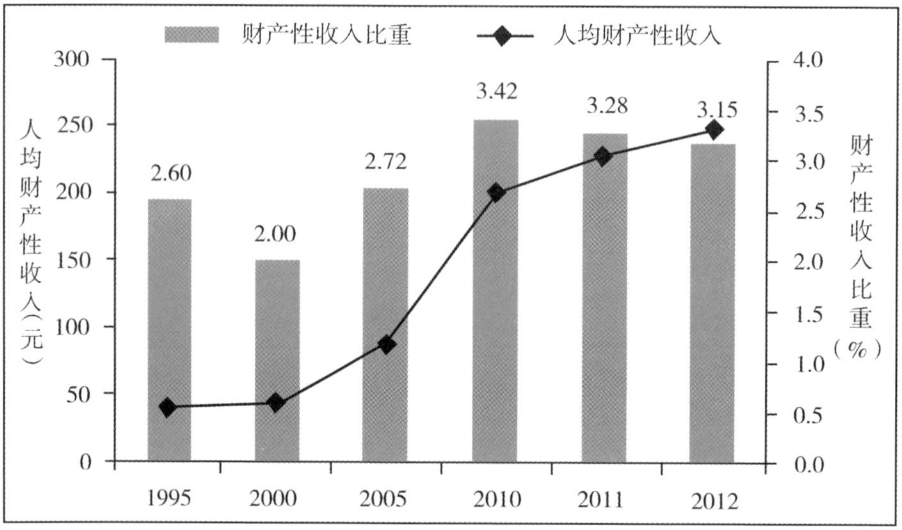

图 5－3　1990—2012 年农村居民人均收入中财产性收入所占比重

［资料来源：根据《中国统计年鉴》(2013) 绘制］

三是财产性收入可以创造财产。目前，财产性收入对农民增收的贡献还较小。2005—2012 年，农民人均纯收入的增加有 48.8％来自工资性收入，36.2％来自家庭经营纯收入，只有 3.4％来自财产性收入。2012 年，财产性收入对农民增收的贡献率只有 2.2％。但是，从发展的角度看，随着农民家庭逐年积累起来的动产和不动产不断增多，尤其是随着农村产权制度改革的加快，财产性收入将成为未来提高农民收入的一个新增长点，其在农民家庭收入中的比重将不断上升。据研究，在 2012 年农民财产性收入中，来自耕地承包经营权流转的收入为 47 元，占农民财产性收入总额的 18.88％，比上年增长了 25.5％，比农民财产性收入的增幅高 16.5 个百分点，增长势头强劲（中国社会科学院农村发展研究所、国家统计局农村社会经济调查司，2013）。

（二）增加农民财产性收入的途径

增加农民财产性收入已成为增加农民收入的一个新渠道。为此，中共十七大报告明确提出，“创造条件让更多群众拥有财产性收入”；十八届三中全会进一步明确，要“赋予农民更多财产权利”，“探索农民增加财产性收入渠道”。增加农民财产性收入，应主要从以下三个方面入手。

1. 推进土地承包经营权股权化改革

近年来，随着农村人口非农转移和城镇化的加快，农村土地流转呈现出加速的趋势。截至 2012 年年底，全国农村家庭承包耕地流转率已达 21.2%，其中上海为 60.1%，江苏为 48.2%，北京为 48.2%，浙江为 42.9%。从耕地流转方式看，尽管转包和出租仍占主导地位，二者合计占 78.2%，但股份合作所占比重已增加到 5.9%。而且，耕地流转入农民合作社和企业的比重明显提升，2012 年达到 25.0%，比上年提高 3.2 个百分点。为适应农村土地流转的新形势，促进农业产业化和规模经营，拓宽农民增加财产性收入渠道，当前亟须在确权登记发证的基础上，积极推进土地承包经营权股权化改革。

所谓土地承包经营权股权化，是指在坚持农村土地集体所有、土地用途和承包关系不变的前提下，推进土地所有权、承包权和经营权分离，把农民的土地承包经营权按照一定标准量化为股权，农民可以用股权参与农村新型合作经济组织，按股获得收益，实现土地承包经营权的价值化和有偿化。推进土地承包经营权股权化改革是农业产业化和规模经营的需要，既克服了一家一户分散经营带来的局限性，又使农民可以从土地上解放出来从事第二、第三产业，从而有效拓宽农民增加财产性收入的渠道。

推进土地承包经营权股权化改革，要按照依法自愿有偿、公平公开透明的原则，积极稳妥有序推进。一是要做好土地承包经营权确权登记颁证工作，着力解决农民承包地块面积不准、四至不清、空间位置不明、登记簿不健全等问题，全面厘清土地承包经营权归属关系。二是在做好土地分类定级和价值评估的基础上，按照土地面积、土地等级和区位条件等情况，合理确定土地承包经营权量化为股权的标准。三是建立规范的操作程序，土地承包经营权股权化后，要由所入股的新型合作经济组织颁发股权证，作为收益分红或交易的凭证。四是要完善相关制度和政策，允许土地承包经营权股权入市交易，允许股权抵押、继承、出售、转让，鼓励土地承包经营权股权在公开市场上向专业大户、家庭农场、农民合作社、农业企业流转，发展多种形式规模经营。五是完善土地承包经营权交易平台和服务体系，为土地承包经营权交易提供专业化服务。

此外，中国各地区情况千差万别，推进土地承包经营权股权化改革，必须从区情出发，坚持因地制宜，选择多元化模式。例如，山东莱芜在推进土地承包经营权股权化改革的实践中，主要采取了三种模式：一是自主经营型。就是农户以土地承包经营权入股，建立土地股份合作社或农业公司，农民变为合作社工人，土地由合作社统一经营，所得收益由社员按股分红。二是内股外租型。就是以村为单位成立土地股份合作社，村民以部分或全部土地入股，合作社统一出租给用地大户或公司经营。三是参与经营型。即以承包土地入股建立土地股份合作社，由合作社以土地参与各类新型合作经济组织或企业的经营，合作社参股获得收益，按农民入股份额分配到户。

2. **加快集体资产股份化改革**

农村集体资产有经营性资产和非经营性资产之分，经营性资产主要包括农村集体经济组织创办的农业、工业和商业企业及其物化的固定资产，以及属于集体所有的土地，主要是建设用地。根据《中华人民共和国物权法》第五十九条的规定："农民集体所有的不动产和动产，属于本集体成员集体所有。"按照现行的法律，集体经济组织全体成员是集体资产的共同所有者，一个具体成员拥有哪些资产或具体一项资产属于哪个成员都是模糊的，集体所有的结果是所有者缺位，只能由少数人代表集体经济组织全体成员来对集体资产进行经营和管理。

从现实的发展过程来看，由于存在监督缺失和经营者道德风险等问题，集体资产很容易被少数人拿来假公济私、为己谋取利益，同时损害集体成员的共同利益。在产权虚置的背景下，《中华人民共和国物权法》第三十九条规定的"所有权人对自己的不动产或者动产，依法享有占有、使用、收益和处分的权利"也就无法落到实处。因此，为了贯彻宪法、土地承包法和物权法等法律法规对集体经济组织成员依法享有的对集体资产的权利，有必要依法建立集体资产监督、使用和增值保值制度，并在建章立制的基础上，加快集体资产的股份化改革进程。集体资产股份化后一方面有利于用投票机制对集体资产的使用进行监督，防止少数人侵犯多数人的利益；另一方面有利于全面落实集体经济组织成员依法享有的财产权利。

3. 赋予农民宅基地更完整的权能

宅基地是指农村村民经依法批准，用于建造住宅（包括住房、厨房、禽畜圈舍、厕所和庭院等）的用地。虽然宅基地上的房产属于农户私人所有，但是按照《中华人民共和国宪法》规定，农户房产下面的宅基地则为集体经济组织成员共同所有，农户只有使用权。而且《中华人民共和国物权法》第六十条规定，属于村农民集体所有的土地，由村集体经济组织或者村民委员会代表集体行使所有权。因此，农户的房产虽然盖在宅基地上，但这个宅基地是集体经济组织成员共同所有，房产主人因为是集体经济组织成员，所以和其他成员共同拥有宅基地的所有权。这也就从法理上规定了房产主人没有单独处置宅基地的权利。

农户虽然没有宅基地的处置权，但作为集体经济组织成员，他与其他成员按统一标准从集体经济组织获得宅基地使用权，《中华人民共和国物权法》更是确认了宅基地使用权的用益物权属性。按照《物权法》第一百一十七条规定："用益物权人对他人所有的不动产或者动产，依法享有占有、使用和收益的权利"，连同宅基地在内的农户房产出租获取的收益应当归农户所有，现实中的情况亦如此。需要指出的是，虽然农户房产所有权比较明晰，但由于房产与宅基地不可分割，特别是无权处置宅基地，农户在买卖或者进行房产抵押时遇到了法律障碍，作为私人财产的房产很难变现。同时，由于宅基地属于集体经济组织成员共同所有，按《村民委员会组织法》村民委员会可以代行所有权，对宅基地拥有处置权，尽管物权法第六十六条规定：私人的合法财产受法律保护，禁止任何单位和个人侵占、哄抢、破坏，但在当前城镇化和新型农村社区建设中，违反物权法规定侵害农户对房屋的财产权益的土地征收、强征强拆现象屡见不鲜、屡禁不止。

受相关法律制度的限制，目前宅基地只能在本村集体内流转，不能在房产的一级和二级市场交易，既不能转让、出租或抵押，也不能继承。为此，要推进农村宅基地制度改革，切实保障农户宅基地用益物权，从而丰富农民增加财产性收入的渠道。一是要做好宅基地确权登记发证工作，建立统一的宅基地信息管理系统，为今后宅基地入市交易奠定基础；二是加强宅基地的管理，对超标和违规占用的宅基地要予以收回，对闲置宅基地进行分类清理；三是建立完善宅基地退出机制，在城镇化进程中允许转户农民在自愿基础上，通过市场流转方式出让房屋、合规面积的宅基地并获得财产收益；四是在开展试点的基础上，改革完善宅基地制度，并积极创造条件，逐步将宅基地纳入城乡统一的建设用地市场，稳妥推进农民住房财产权抵押、担保、转让，赋予农民宅基地更完整的权能。

三、推进农村新型社区建设

新型农村社区是在原有农村村庄拆并基础上形成的居住规模更大、公共服务更全面、生活更方便、环境更优良的集人口、产业和服务于一体的社区。新型农村社区建设有利于农村集体建设用地的集约利用，根据我们对河南省典型村庄的案例调查，集体建设用地的节约率在23.1%～87.3%之间（见图5－4）。通过增减挂钩、占补平衡将节约的建设用地指标用于

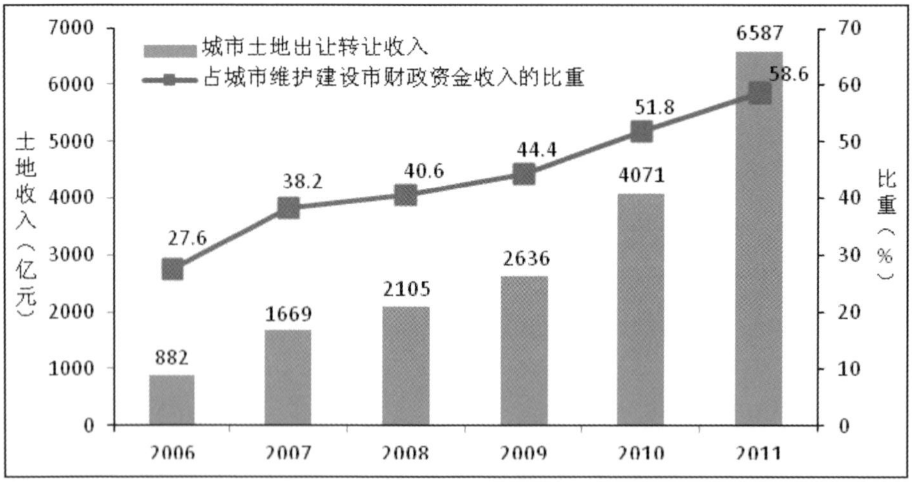

图5－4　2012年河南省8县14个村庄新型农村社区建设用地节约率

城市建设，解决了非农建设用地和城镇化建设用地的瓶颈，有力促进了工业化、城镇化和农业现代化进程，并在推动城乡发展一体化方面的作用日益显现。

（一）新型农村社区建设的理论依据

新型农村社区是统筹城乡发展的结合点，也是城乡发展一体化的必然趋势。在实现劳动力非农就业、居民生活方式和社区管理模式转变后，部分新型农村社区将转变为城镇社区。因此，从某种程度上讲，新型农村社区建设是新型城镇化的重要组成部分，对推进新型城镇化具有重要的支撑作用。

1. 新型农村社区是城镇体系的重要组成部分

虽然大多数新型农村社区建在农村，但由于实现了工农、城乡结合，产业聚集、人口聚集和社会服务功能聚集，实际上具备了城镇功能。它打破了传统的非城即乡的城镇化模式，对城镇体系是一种补充。

2. 新型农村社区建设是农村消费和服务升级的需要

居民消费品和服务需求升级，以及城镇消费品生产和服务供给之间的耦合是推动城镇化的动力。不同聚集规模的城市会导致不同类型消费品具有不同的市场域特征从而产生不同的聚集消费效应，因此不同收入增长阶段也就对应着不同的聚集消费效应。新型农村社区在农村与城镇之间形成了一个新的消费和服务需求市场域及消费聚集效应，满足了城镇化过程中部分农村居民消费和服务需求升级愿望。

3. 新型农村社区是农村人口多层次流动不可或缺的重要载体

农村人口向城镇流动是乡——城广度城镇化的表现，城镇体系将随着国家的社会经济发展和技术条件进步而不断演变，并不断加以调整，从刚开始的乡——城广度城镇化，向城——城之间的深度城镇化转变。新型农村社区作为城镇化的一个载体，在乡——城广度城镇化中扮演了一个中间桥梁的角色，可以满足农村人口向城镇迁移的多层次要求。

（二）新型农村社区的类型

从近年来各地的建设实践看，新型农村社区大体分为以下几种类型。

1. 城镇开发改造型

城镇开发改造型是在城镇功能重新划分与布局基础上，对城镇区域范围内的原有村庄实行整村拆迁，通过让农村居民“转居上楼”的方式对土地进行整合，实现农村土地主要是集体建设用地节约集约使用，并将整合后节约出来的土地，用于满足工业和城镇发展需要，以此推动工业化和城镇化。城镇开发改造型可以将城镇建设与新农村建设结合起来，将城镇公用基础设施向农村延伸，彻底改变农村落后的基础设施状况，推动城乡建设互促互动，节约基础设施建设成本，提高基础设施使用效率。

2. 园区带动型

园区带动型是指以产业聚集区为依托，将产业聚集区或者工业园区的建设与附近村庄发展进行统筹规划，建设新型农村社区的模式。园区带动建设模式在全国各地都比较普遍。其建设的主角既可以是政府，也可以是企业和村集体经济组织，还可以是三者共同推动，以实现政府、企业和集体经济组织的互补。园区带动建设模式有利于推动产城互动融合，形成利益共享的城乡工农关系，并实现工农、城乡和全体居民平等享受发展成果的格局。

3. 多村整合联建型

多村整合联建型是以一个经济实力较强的村为依托，联合周边几个村庄组织建设新型农村社区的形式。在中国60多万个行政村中，有这样一类村庄，集体经济较发达，财富和资本积累较雄厚，村庄基础设施建设较完善，村民福利待遇较好。这类村庄经济进一步发展受土地资源制约的影响越来越大，因此为了获得更多的发展空间和建设用地，以建立新型农村社区为突破口，启动了强村并弱村的村庄合并。多村整合联建型的优点在于，主导联建的村的村集体经济组织实力雄厚，村级党组织和行政组织威信高，政府不需要过多投入，建设和日后运行管理都有可靠保障，社区居民负担不重，但就业、居住、公共服务改善较大。

4. 村企共建型

村企共建新型农村社区是指企业参与新型农村社区建设，并在此过程中，实现企业发展、农民就业、公共服务和居住条件改善的互利双赢模式。河南省延津县裴寨社区就是在裴寨村基础上，采取村级组织＋企业联建的形式建立起来的新型农村社区。其主要做法是企业负责社区土地平整和居民房屋建设，为社区劳动力提供农业和非农就业，并为进入社区的每户居民提供一定额度的建房贴息贷款及旧房拆迁补助，拆迁节约出来的集体建设用地用于企业发展；村庄行政组织负责社区的日常行政管理和提供部分公共服务。

裴寨社区建设的特点，一是党政合一、村企合一共建；二是村企合理分工、各司其职；三是为社区居民提供“宜农则农、宜工则工、宜商则商”的就业保障；四是社区行政组织架构较为稳定，且有广泛的群众基础，有利于社区日常行政工作的开展；五是社区日常行政管理经费可以通过集体经济组织收入和企业补助获得保障。

5. 异地迁建型

异地迁建型是指利用和开发当地资源，如旅游资源，将分散在资源周边的村民集中搬迁到特定区域，实行集中居住和就业的一种新型农村社区建设模式。这种建设模式充分利用了自然资源禀赋条件，以及发挥了政府与农户两个积极性，一方面政府通过深化改革，整合农村各种资金，在旅游资源丰富、基础设施条件较好地区建设规模较大的居民集中居住社区，实现农村居民集中化居住，改善居民生产和生活环境，降低公共服务成本；另一方面社区居民通过开展农家乐等经济活动，实现就业和增加收入。

异地迁建型的特点是，政府在社区居民住房和基础设施建设、公共服务供给以及社区日常运转保障上介入的程度较深，作用较大，但在发展经济上的压力较少；社区居民发展经济的环境条件得到改善，自主性、独立性较高，对政府依赖较少，政府和社区居民在基础设施、公共服务供给、发展经济上的分工较明确。

6. **镇村集聚型**

镇村集聚型是以一个村庄或者乡镇所在地为核心，将周边几个村庄改建为一个规模更大的新型农村社区，拆建村庄的农户进入社区居住，同时，对这些社区实行城镇意义上的管理和提供接近城镇的公共服务。如河南省辉县孟庄镇根据发展需要，以镇区为核心，累计投入资金 3.88 亿元，共建成 46 万平方米的住宅，将周边村庄整合成 4 个社区，不仅扩大了小城镇规模，而且在“城乡统筹、镇村一体、产城共融”的原则下，推动了镇区行政、工商、居住、金融、文化和休闲等功能建设，使小城镇基础设施更加完善，强化了城镇功能，入住社区的 1.4 万居民可以在就近的工业园区就业，并享受到就近、便捷的公共服务。

（三）推进新型农村社区建设的路径

推进新型农村社区建设，应重点从尊重群众意愿、遵循发展规律、坚持配套原则、接轨城镇管理、公平分配利益、运行保障建设入手，具体说就是要做到以下几个方面。

1. **尊重群众意愿**

新型农村社区建设要坚持以农民内在需求为基本动力。新型农村社区建设看上去是生活方式的改变，但与经济结构、农业生产方式、社会关系和社会管理等转变密切相关。尊重群众意愿要从负担不增加、就业有保障、收入有增长、公共服务有提高、耕地能流转以及节地率和群众支持率等方面制定必要的建设准入标准，防止盲目和不顾条件要求进行建设，杜绝政府“寻租”行为，使新型农村社区建设真正做到有序、稳步推进，发挥新型农村社区在城乡发展一体化中应有的重要作用。

2. **遵循发展规律**

从全国各地新型农村社区建设情况看，由于各地经济社会发展水平不同，所以在建设主体、建设方式、建设手段上不能一刀切，即避免采用统一模式或标准来建设新型农村社区。新型农村社区建设模式的选择，既要符合各地区经济社会发展实际表现出的多样化、多层次特征，也要遵循市场经济发展规律，特别是要遵循城镇化规律，因此要鼓励因地制宜建设新型农村社区，允许多种建设模式并存，给社区建设以较大创新、改革和发展空间。

3. **坚持配套原则**

社区是实现村民到居民身份转变，农民到工商业者职业转变的重要媒介，是实现城乡公共服务一体化的重要平台。生活、就业和公共服务配套建设，可以满足农村居民上述三个方面的发展要求，因而是农村居民愿意向社区集中的根本性动因，也是新型农村社区建设必须坚持的原则。坚持生活、就业和公共服务配套建设，也有一个与社区规模匹配的问题。社区规模不是越大越好。社区建设规模过大，对基础设施、就业、公共服务质量和社区运行等各种保障的要求也更高。从当前中国农村新型社区建设和发展的具体情况看，还不具备建大社区的条件。因此，中国农村新型社区规模不宜追求大，社区人口规模应控制在5000～10000人左右，一般不宜超过15000人。

4. **接轨城镇管理**

新型农村社区如果不能在居住、就业和公共服务上跳出原有村庄的管理模式，实现与城镇管理接轨，那么也就失去了建设意义。因此，加强新型农村社区建设，一开始就要在户籍管理、就业保障、财产权利、公共服务等方面与城镇管理全面接轨。一是打破管理体制机制的二元结构，从管理体制机制上实现与城镇社区接轨；二是打破城乡机构分置，从管理工作机构设置上实现与城镇社区接轨；三是打破工作内容城乡有别，从工作内容上实现与城镇社区接轨，实现生活、就业、公共服务、社会保障、医疗卫生、教育等方面的管理与城镇全面接轨，推动新型农村社区从“浅度”城镇化向“深度”城镇化转型。

5. **公平分配利益**

在政府、企业、村庄和农民之间构建公平合理的利益分配格局，探索多元补偿形式，是充分调动市、县、乡政府与村集体、企业、农民参与新型农村社区建设积极性的保障。具体做法是：首先，在土地增值收益的分配上尊重群众知情权、参与权和受益权，使更多的增值收益为民所有、为民所用；其次，建立公平合理的拆迁补偿机制，引进第三方专业评估机构，对农户房屋和土地价格进行科学评估，让农民获得合理的拆迁补偿。为此，要让农民或者农民代表组织充分参与房产评估、拆迁和补偿标准制定的全过程，制定合理的土地增值收益分配方案，避免土地收益被企业或者政府过多占有，损害农民利益。

6. 运行保障建设

加强新型农村社区运行保障建设，一是制定相应的社区建设与治理法规和政策，保障社区居民有效行使自治权利，鼓励社区居民参与社区建设与管理，发展社会中间组织和各种非政府组织，给予他们在社区自治中的活动空间，规范政府、社区组织行为，使新型农村社区能够在法律保障下健康发展。二是建立新型农村社区发展支持系统，推动新型农村社区经济、社会、文化等全面发展。三是建立以财政资金为主，部分土地增值收益金和一事一议为辅的新型农村社区发展长效筹资机制，保证新型农村社区的正常运转和建设。四是加快培养高素质社区管理队伍，改善社区管理人员结构，通过各种形式提高社区管理人员的专业管理技能和水平，满足新型农村社区管理要求。

四、加强农村病的综合治理

实施家庭承包经营制度改革以来，随着工业化和城镇化的快速推进，村庄人口老龄化和“空心化”、劳动力人口大龄化、留守儿童成长、生态环境保护等经济社会问题日渐突出，形成新“农村病”，并且已严重影响到村庄发展和社会和谐。综合治理“农村病”，还村庄一个健康发展环境已刻不容缓。

（一）国外“农村病”现象与治理

“农村病”不是中国独有的现象。纵观发达国家工业化和城镇化历程，都曾有“农村病”的发生。

1. 发达国家“农村病”的表现形式

大量农村劳动力纷纷向非农产业和城市转移，致使农村发展出现了以村庄、产业和劳动力空心化，城乡区域发展不平衡为代表的“农村病”现象。

第一，村庄“空心化”。村庄“空心化”主要表现为人口“空心化”。由于城镇经济发展潜力大、收入高，社会事业健全，文化生活丰富，农村人口向经济社会文化比较发达的城镇迁移，使很多村庄人去房空，出现空心村现象。

第二，产业“空心化”。在极化效应作用下，工业企业向具有比较优势的城镇地区快速集中，导致农村地区企业和人口流失现象严重，村庄发展失去经济支撑和活力。

第三，农业劳动力“空心化”。农业劳动力“空心化”突出表现为劳动人口老龄化现象严重。大量青壮年劳动力进城后，留在农村的劳动力年龄偏大，文化程度偏低，很难适应农业生产要求。

第四，城乡区域发展不平衡现象突出。大量资源向城镇和具有比较优势的地区集中与配置，加剧了城乡区域发展不平衡，主要表现在经济发展不平衡、基础设施建设不平衡、社会事业发展不平衡和公共服务不均衡等方面。例如，韩国在新村建设前，城乡区域发展不平衡现象十分突出，大城市汉城与农村发展形成明显反差。再如，日本进行列岛改造前，城市与农村、东京与北海道地区之间的发展失衡现象也十分明显。

2. 发达国家“农村病”治理的途径

发达国家对工业化和城镇化过程中出现的“农村病”，主要通过以下几种途径进行治理。

第一，促进农村地区产业发展。发展经济是治理“农村病”的根本途径，也是大多数发达国家治理“农村病”的重要选择。美国从 20 世纪 50 年代后期开始，通过制定一系列优惠税收政策，鼓励工厂从都市迁往郊区，推动农村产业发展。法国从20世纪60年代开始在巴黎市中心区征收“拥挤税”，对从巴黎市区搬迁到郊区的占地500平方米以上的工厂，政府对搬迁费给予60%的补偿。日本1979年开始发起“一村一品”建设运动，促进农村地区产业繁荣发展。

第二，统筹不同区域发展。针对城乡发展失衡现象，大多数国家采取了促进区域平衡发展的战略。1962年，日本制订了第一次全国综合开发计划。1977年实行第三次全国综合开发计划，提出进一步调整工业布局，大力发展中小城市，开发落后地区，解决工业及人口过密和过疏矛盾。为推动落后山区和人口稀疏地区经济发展，日本出台了《落后地区工业开发优惠法》《离岛振兴法》《向农村地区引入工业促进法》和《新事业创新促进法》等法规和政策。1970年，韩国提出了“新村运动”。经过几十年的“新村运动”建设，韩国基本实现了城乡经济的协调发展，到2004年，城乡居民收入差距缩小到1∶0.84。

第三，增加农业生产者补贴。针对农村收入水平低的情况，各国政府加大对农业生产者补贴力度。20世纪中期以来，美国农业固定资产投资比重都大于同期农业增加值比重，并呈上升趋势。美国促进农民增收的一个重要措施是对农民进行各种形式的直接经济补贴。2000年，美国政府支付给农民的直接补贴超过了100亿美元。

第四，加大人力资本投资力度。人力资本在推动农村发展上具有举足轻重的作用，因此各国十分重视人力资本投资。美国实施了“工读课程计划”，实行多元化的农民职业技术教育；德国实施了“双元职业训练制度”，在提高农民技能和素质方面收到了很好效果。

第五，加强农村基础设施建设。美国自20世纪30年代以来，一直重视农村道路、水电、排灌、市场等基础设施建设。法国通过各种措施加强农村基础设施建设，实现了乡村生活方式城镇化。韩国通过“新村运动”，极大地缓解了农村生产和生活基础设施落后于城市的状况。日本政府在1967—1979年第二次新农村建设期间，加大了补助金农政的实施力度。近几年，日本政府每年对农村基础设施的投入都在11000亿日元左右。

第六，推动农村社会事业发展。法国通过“农业社会互助”形式，实现了全国农村人口的社会保险。德国于1927年开始，逐步建立居民失业保险制度。1957年设立单独的农场主养老保险制度，由国家出资，将原来的土地移交现金补贴制度转换成农场主部分养老保障制度。韩国在“新村运动”过程中，修建了村民会馆、敬老院、读书室、运动场、娱乐场、青少年活动中心等农村文化设施，缩小了城乡社会事业发展差距。

（二）中国“农村病”的主要表现

2013年底，中国乡村常住总人口62961万人，占城乡人口总数的46.27%。受经济、社会、文化发展以及户籍管理制度影响，在工业化和城镇化过程中发生的“农村病”，有些与发达国家相似，有些属于中国特有现象。主要表现在以下几个方面。

1. 农村留守儿童问题

青壮年劳动力从农村流向城市，是工业化和城镇化的结果，是社会发展进步的一种必然趋势。在中国，受户籍制度限制，以及青壮劳动力自身经济状况制约，年轻父母到城镇和经济快速发展的沿海地区打工，只能把那些仅有几岁，或者刚满上学年龄的子女，交由在农村年事已高的父辈照顾。全国第六次人口普查数据表明，目前农村留守儿童数量已达6000万人。照看留守儿童的高龄老人一是文化程度低，二是身体多有疾病，在照看这些留守儿童上，显然不如孩子父母亲那样无微不至和有效。久而久之，与能够得到父母亲情关爱和接受正规教育的孩子相比，这些长期脱离父母关爱的儿童，不仅学前教育和义务教育阶段的学习受到影响，而且在情感上也容易发生扭曲。留守儿童成长已成为农村发展不得不面对和亟待解决的问题。

2. 老人缺少关爱问题

老年人缺少关爱实际上也与青壮年劳动力外出打工有着紧密联系。根据全国第六次人口普查资料，目前子女外出打工的留守农村老人有4000万人。这4000万人平常是居家活动和主要依靠居家形式来养老，如今子女外出，家里没有青壮年劳动力能够依靠，不仅不能依靠，有的老人甚至还要照顾外出子女留下来的孩子以及承包地。随着中国进入老龄社会步伐的加快，农村老年人口数量将会出现爆发式增长。老年人的生活习惯及参与社会活动的要求和内容不同，有自己的特点，在农村社会事业发展滞后的背景下，如何给老年人口以更多和更适合他们年龄特点的关爱，也已到了非解决不可的时候。

3. 农村环境污染问题

农村生活环境污染问题由来已久。根据2012年环保部在全国试点监测的798个村庄的环境数据，试点监测村庄的饮用水源和地表水都受到不同程度的污染，同时工矿污染压力加大，生活污染局部加剧，畜禽养殖污染严重，农村环境保护的形势十分严峻。造成农村环境污染加剧的主要原因除了工农业生产方面的因素，还有就是农村生活基础设施建设滞后、不完善和不配套。由于农村生活基础设施建设滞后，以及不完善和配套程度低，绝大多数农户仍然使用旱厕，缺少污水集中收集和处理设施，污水随处排放、垃圾乱扔乱放等现象严重。有关研究表明，农村水冲式厕所比例、卫生处理粪便比例、生活垃圾卫生处理比例以及污水卫生处理比例都比较低。近年来，农村环境脏乱差现象不仅没有得到根本解决，相反在局部地区还有加重趋势。

4. 农村劳力质量退化问题

由于大量年轻劳动力外出务工经商，加剧了农村劳动力的质量退化。农村劳动力质量退化主要表现在两个方面，一是农村劳动力年龄和性别结构不合理，留下的主要是妇女、儿童和老人，身体素质不高；二是知识结构不合理。中国农村劳动力受教育程度普遍偏低，平均不到9年。外出劳动力多以初中和高中为主，留下来的劳动力文化素质更低，其中还有相当部分属于文盲、半文盲，无论在文化知识、身体素质还是在劳动技能上，都不能适应现代农业发展要求，现代农业发展缺少人力资本支撑。

（三）中国“农村病”的治理

中国在工业化和城镇化进程中发生的“农村病”，仅仅依靠农村自身力量很难根治，需要通过城乡发展一体化的推进来综合治理。

1. 城乡统筹解决农村留守儿童问题

解决农村留守儿童问题，需要采取统筹城乡发展的方式解决。在城市和经济快速发展地区，深化城乡户籍和教育制度改革，消除户籍身份和教育制度带来的农村子女入园难、入学难问题，依托城镇学前教育和义务教育基础，尽快放开农村进城务工经商人员子女入园、入学限制，为跟随父母进城的农村儿童提供与城市户籍儿童平等的学前和义务阶段教育，为他们创造一个既不与父母分离，又能接受良好教育的成长环境。

在农村，大力加强学前教育建设，巩固提高义务教育，特别是有针对性地建设一批寄宿制学校，对全国农村寄宿制学校实行寄宿生活补助，让每一名留守儿童都能有园入、有学上。加强以学前教育和义务教育为依托，以家庭为基础，以社会组织为补充的留守儿童成长关爱机制建设，帮助留守儿童克服因与父母长期分离产生的成长“烦恼”，从学习、心智和成长上为留守儿童创造一个健康发展的良好环境。

2. 以社会事业发展为基础向老年人提供各种社会服务与关爱

解决农村老年人口关爱问题，一是建立健全农村社会保障网，让农村老人老有所医、老有所养、老有所保。二是建立健全养老组织和机构，为老年人提供生活、文化、体育等综合性服务。特别是要建立健全集中养老和居家养老机制，为老年人排生活之忧，解生活之难；三是建立健全社会关爱老年人的机制，调动全社会力量关爱老年人，为老年人提供各种服务，满足他们的生活需求。

3. 以新型农村社区建设为突破口进行农村生活环境污染综合治理

新型农村社区建设是在原有村庄基础上进行的一次农村居民居住空间大调整，是新农村建设的继续，是工业化和城镇化的必然结果。对农村生活环境治理来说，也是一次有利时机。以新型农村社区建设为突破口进行农村生活环境综合治理，就是要利用新型农村社区具有的规模效应，建立健全生活性公用基础设施，实现集中供水、供气、供暖，实现垃圾、污水、粪便的集中收集、集中处理，从源头上杜绝污染物未经处理排放现象的发生，给社区居民创造一个良好的居住环境，还农村一个天蓝、水清、空气净的生态环境。

4. 推动城乡区域产业合理布局

鼓励大城市、特大城市中心区产业尤其是制造业向周边中小城市、小城镇和产业园区转移，推动大中小城市和小城镇产业合理分工，促进城乡区域产业协调发展；鼓励农村加快推进农业产业化，并以产业园区和产业集聚区为载体，集中发展农产品加工业。政府应在土地供给、金融信贷、税收等方面给予相应的支持。依托产业集聚吸引人口集聚，促进农业劳动力就地就近转移，以缓解农村劳动力和人口过度流失，促进农村经济繁荣发展。

5. 加强农村人力资源培训

随着城镇化的快速推进，农村经济社会结构正在发生深刻变化。为适应新农村建设的需要，亟须加强农村人力资源培训，培育一批有文化、懂技术、会经营的现代新型农民。加强农村人力资源培训，既要巩固义务教育阶段的发展成果，实现义务教育农村适龄人口全覆盖，提高高中阶段教育普及率，不断提升农村劳动力受教育年限，夯实基础教育；也要建立健全农业劳动者生产技能培训体系，让每一名农业生产者都能接受最新的农业生产技能培训，提升生产技能水平。同时，还要根据农村发展出现的新情况，开展有针对性的社会管理培训，提高农村社会管理水平。当前，要把重点放在对专业大户和家庭农场主、新型农村社区管理人员的培训上，依靠生产和管理技能的提升，促进现代农业发展和新农村建设。

第六章

城乡一体化下的城市转型

城市转型概念及基本内涵

现行城市发展模式的基本特征

粗放型城市发展模式的弊端

城市转型的方向和路径

大城市膨胀病的综合治理

长期以来，中国城市大多走的是一条以高增长、高消耗、高排放、高扩张为特征的粗放型发展道路。随着资源和环境压力日益加大、市场竞争不断加剧以及居民消费观念的变化，这种粗放型发展模式日益暴露出诸多弊端，已经越来越难以为继。当前，中国城市发展已经进入加快转型和全面转型的新阶段，必须尽快实现经济、社会和生态的全面转型，建立低消耗、低排放、高效率、和谐有序的新型发展模式，走集约、创新、融合、和谐、绿色、特色发展之路。

一、城市转型概念及基本内涵

城市转型是一个永恒的课题，它是伴随着城市的发展而不断演化的。从城市发展史的角度看，城市发展的历史就是城市转型的历史。近年来，随着经济全球化的快速推进、新技术的突飞猛进以及资源和环境压力的日益加大，在世界范围内掀起了一股加快城市转型的浪潮。学术界开始对现行的城市发展模式进行深刻反思，有关城市转型的多学科、多视角、多维度的综合研究日益增多，一些海外学者对中国城市转型问题也表现出浓厚的兴趣。近年来各地兴起的紧凑城市、田园城市、生态城市、低碳城市、创新城市、创意城市、宜居城市、智慧城市等建设，都包含了城市转型的核心思想。可以说，城市转型既是当前城市研究的重大理论课题，也是各级政府部门高度关注的重大现实问题。

关于城市转型的概念，目前学术界有不同的理解。归纳起来，主要有三种观点。一是转型经济的观点。早期的研究大多从转型经济的角度出发，探讨在经济体制转型即从计划经济向市场经济转轨的背景下城市如何发展的问题。在这种情况下，城市转型通常被理解为经济体制转型。二是危机转型的观点。目前，国内有不少文献把城市转型等同于资源型城市转型，以为只有资源型城市才存在转型的问题。这实际上是把城市转型狭义理解为问题城市面临困境时的危机转型，忽视了城市转型存在的普遍性。三是特殊领域的观点。即把城市转型看成是城市某一领域、某一方面的转型。如有的学者认为，城市转型就是“由内向型转变为外向型，再由外向型转变为国际型”；有的学者认为，城市转型主要是经济结构调整与经济增长方式转变，向寻求新的经济增长点、多元的发展模式转变；还有的认为，城市转型就是城市发展进程及发展方向的重大变化，是城市发展道路及发展模式的大变革，或者城市发展阶段与发展模式的重大结构性转变；也有学者把城市转型看成是城市发展模式从传统的线性增长转变为精明增长。

事实上，城市转型具有十分丰富的内涵，我们绝不能以偏概全。所谓城市转型，就是指城市在各个领域、各个方面发生重大的变化和转折，它是一种多领域、多方面、多层次、多视角的综合转型。从转型发生的领域看，一般可把城市转型分为经济转型、社会转型和生态转型三种类型。其中，城市经济转型的核心是产业转型，也即城市产业演进发生重大的变革；城市社会转型则包括人口转型、文化转型、科技转型、教育转型等诸多方面。从转型所涉及的内容看，则可把城市转型分为城市发展转型、城市制度转型和城市空间转型三种类型。其中，城市发展转型是城市转型的核心和关键，而城市制度转型和空间转型则是为保障城市发展转型服务的。表 6—1 列出了这两种类型划分之间的关系。

表 6－1　城市转型的类型划分

按领域 / 按内容	经济转型	社会转型	生态转型
发展转型	经济发展转型	社会发展转型	生态发展转型
制度转型	经济制度转型	社会制度转型	生态制度转型
空间转型	经济空间转型	社会空间转型	生态空间转型

过去，在转型经济学中，人们通常把制度转型理解为从计划经济体制向市场经济体制的转轨，这是针对国家层面而言的。就城市而言，其制度转型通常发生在国家制度转型的大背景之下，体制转轨对任何城市都是相同的，只是这种转轨有快有慢而已。因此，城市制度转型主要是指城市管理体制、治理结构和管理模式发生重大的转变。从这一点来讲，可把城市管理转型和治理转型看成是城市制度转型的重要内容。城市空间转型则是指城市空间结构发生重大的转变，如大城市由单中心向多中心的转变。

作为城市转型的重要组成部分，城市发展转型是指城市发展模式和道路发生重大的转变，这种转变涉及经济、社会和生态等各个领域。伴随着这种发展模式和道路的重大转变，人们的思想价值观念、文化形态、社会经济结构、发展战略模式以及支持政策体系都会发生重大变革，其管理体制和空间结构也将随之发生相应变化。因此，在城市转型中，城市发展转型是核心和关键，它决定了城市制度转型和空间转型。也就是说，城市制度转型和空间转型要适应城市发展转型的需要，而不能本末倒置。比如，一个城市的空间结构向什么方向转型和如何转型，必须与城市的发展阶段、新时期的功能定位和城市发展转型的需要相适应，要为推动城市发展转型提供强力支撑，而不能单纯从空间的角度来谈空间转型。空间转型要为发展转型服务。

在一般情况下，城市转型可能仅仅发生在经济、社会或者生态等某一领域，甚至是某一领域的某些方面，如产业发展、管理制度和空间结构方面。这些单一的城市转型有可能随时会发生，然而，当内外部条件发生重大的变化，则有可能会出现城市全面转型。在这种情况下，城市经济、社会、生态等各个领域，以及城市发展、制度和空间等各个方面都会发生重大的变革。这种重大的变革往往是由制度或者发展模式的根本改变引起的。它既是城市的大转型，也是一种全方位的全面转型，而不仅仅是城市某一领域或者某一方面的转型。

需要指出的是，城市转型与城市升级是两个不同的概念。城市升级通常是指城市发展过程中的产业升级、技术升级和品质提升，这种升级是随时存在的。随着城市升级的量的积累，将会推动城市的发展转型。因此，在推进城市转型升级的过程中，要实行以升级促转型的战略，依靠产业升级和品质提升促进发展转型。

二、现行城市发展模式的基本特征

长期以来，中国的城市发展基本上走的是一条外延扩张的发展道路，属于一种典型的粗放型发展模式。这种发展模式呈现出典型的“四高”特征，即经济的高增长、资源的高消耗、“三废”的高排放和土地的高扩张。

高增长是改革开放以来中国经济发展的重要特征。1979—2012 年，中国 GDP 年均增长率达到 9.8%，其中 2001—2012 年达到 10.2%。这种高速增长态势主要是依靠城市经济的高速增长来支撑的。2011 年，全国

GDP 比上年增长 9.3%，31 个省、自治区、直辖市生产总值汇总的增长率为 11.8%，而全国 288 个地级及以上城市生产总值增长率高达 12.5%，其中市辖区高达 12.0%。随着城镇化的快速推进，目前城市经济已经成为支撑中国经济高速增长的核心力量。2011 年，中国 288 个地级及以上城市市辖区面积占全国的 6.7%，实现地区生产总值占全国的 56.2%，其中第二、第三产业增加值分别占全国的 55.3%和 66.1%。[①]

这种高增长是建立在资源的高消耗和“三废”的高排放基础上的。2011 年，中国 GDP 占世界总量的 10.5%，而一次能源消费占世界的 21.3%，其中煤炭消费占 49.4%（BP，2012），钢铁表观消费量粗钢占 43.8%，钢产品占 45.1%（WSA，2012）。按照国际能源署（IEA，2013）发布的数据，2011 年中国 CO_2 排放量已占世界总量的 25.4%，尽管中国人均 CO_2 排放量只比世界平均水平高 32%，仅相当于 OECD 国家的 59.5%，但单位 GDP 的 CO_2 排放强度却是世界平均水平的 3.2 倍，是 OECD 国家的 5.9 倍。若按购买力平价（PPP）计算，中国单位 GDP 的 CO_2 排放强度是世界平均水平的 1.8 倍，是 OECD 国家的 2.4 倍。中国经济的这种高消耗、高排放特征在城市得到了集中体现。目前，尽管中国的城镇化水平还不高，但绝大部分资源都是由城市消耗的。中国经济的高消耗、高排放主要是城市经济的高消耗、高排放，节能降耗减排的关键在城市。以能源消费为例，在 2011 年中国终端能源消费中，按电热当量计算法计算，工交行业和城镇生活消费占 85.9%；在生活能源消费中，城镇占 60.5%。根据国际能源署（IEA，2008）提供的数据，2006 年中国 41%的城镇人口却产生了 75%的一次能源需求，城市一次能源需求比重与城镇人口比重之比高达 1.83，而美国只有 0.99，欧盟为 0.95，澳大利亚和新西兰为 0.87。这一方面反映了目前中国巨大的城乡差距，另一个方面说明了中国城市高消耗、高排放的粗放型外延扩张特征。

与此相对应的是近年来中国城市的高速空间扩张。自“十五”以来，

---

① 全国地区生产总值按 31 个省、自治区、直辖市汇总数计算。

中国城市建成区和建设用地规模迅速扩张，其增速远高于城市人口的增长速度。2001—2010年，全国城市建成区面积年均增长5.97%，城市建设用地面积年均增长6.04%，而同期城市人口年均增长仅有3.27%，按二者计算的城市用地增长弹性系数分别达到了1.82和1.85（见表6—2）。一般认为，该系数的合理范围为1.12左右。就城市平均规模扩张来讲，从1996年到2012年，中国平均每个城市建成区面积由30.4平方千米扩大到69.4平方千米，平均每个城市建设用地面积由28.5平方千米扩大到69.6平方千米，分别增长了128.3%和144.2%。从某种程度上讲，近年来中国城市经济的高速增长主要是依靠土地的“平面扩张”来支撑的。

表6－2　中国全部城市用地增长弹性系数

时期	城市人口年均增长（率%）	城市建成区面积年均增长率（%）	城市建设用地面积年均增长率（%）	城市用地增长弹性系数	
				按建成区面积计算	按建设用地面积计算
1983—2000	3.97	6.00	6.47	1.51	1.63
2001—2010	3.27	5.97	6.04	1.82	1.85
1983—2010	3.72	5.99	6.32	1.61	1.70

注：城市用地增长弹性系数为城市用地增长率与城市人口增长率之比。
[资料来源：根据《中国城市建设统计年鉴》(2011）和历次全国人口普查数据计算]

中国城市建设用地规模的高速扩张，主要是依靠行政区划的变迁，即撤县（市）设区以及建设新区和产业园区来推动的。近年来，一些大城市纷纷掀起了撤县（市）设区和建设新区的热潮，而规划的软约束和规划界的利益驱动助长了这种大城市空间规模扩张冲动。特别是，自1997年“冻结县改市的审批”以后，除个别情况外，中国建制市的设置工作基本上处于停滞状态。随着大城市的加快撤县（市）设区，全国建制市的数量不但没有增加，反而还有所减少；而市辖区的数量则迅猛增长。从1997年到2012年，全国建制市的数量由668个减少到657个，减少了11个，其中县级市由442个减少到368个，减少了74个；而全国市辖区的数量则由727个增加到860个，增加了133个。同时，各地争相规划建设新城新区，其数量之多、规模之大，实属世界上罕见。据国家发展改革委城市和小城镇改革发展中心对12个省区的调查，12个省会（首府）城市全部提出要推进新城新区建设，共规划建设了55个新城新区，平均每个城市高达4.6个；在144个地级市中，有133个提出要建设新城新区，平均每个城市1.5个；在161个县级市中，也有67个提出要建设新城新区。不少大城市新区的规划面积动辄数百平方千米，高的则达上千平方千米。在某些城市，单个产业园区的规划面积甚至超过了100平方千米。大规模撤市设区和建设新城新区的热潮，造成大城市规模迅速膨胀，加剧了盲目造城趋势。城市用地规模高速扩张的另一个重要原因，就是各级城市政府热衷于依靠卖地来增加地方财政收入。从2006年到2011年，全国城市土地出让转让收入占城市维护建设市财政资金收入的比重由27.6%增加到58.6%，5年内提高了31个百分点（见图6—1）。显然，城市的“土地财政”特点推动了城市空间规模的高速扩张趋势。

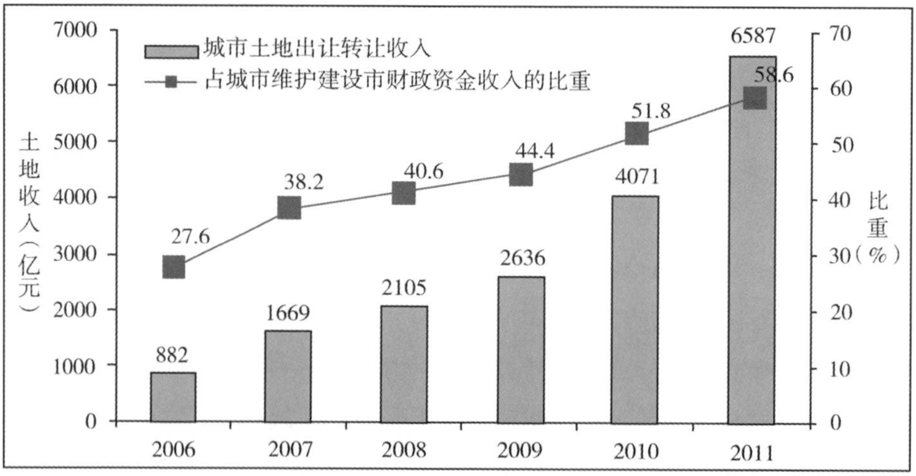

图6－1 中国城市土地出让转让收入占城市维护建设市财政资金收入的比重

［资料来源：根据《中国城市建设统计年鉴》（2006—2011年）计算］

三、粗放型城市发展模式的弊端

在这种粗放型发展模式下，中国城市建设中长期存在着“五重五轻”

的倾向，即重速度、轻质量，重建设、轻管理，重生产、轻生活，重经济、轻社会，重开发、轻保护。由此造成无序低效开发、经济发展失调、社会发展失衡、环境质量下降等诸多弊端，加剧了城市发展中的不平衡、不协调、不可持续问题。

(一) 城市空间无序低效开发

受传统的粗放发展模式的影响，近年来中国城市空间无序开发即“乱开发”现象十分严重。这种无序开发主要体现在：首先，一些大城市“贪大求全”“好高骛远”。全国有 183 个城市要建国际大都市，40 个城市要建 CBD，盲目向伦敦、纽约、东京看齐。其次，各种形式的“圈地”现象严重。前些年各地不管有无条件都竞相建设开发区，开发区数量多、面积过大，大批不具备条件的开发区“征而不开”“开而不发”，造成大量耕地闲置撂荒。近年来各地又掀起了规划建设新城新区的热潮，人为的盲目造城运动有增无减。再次，沿海一些城市地区开发强度过高，资源环境压力较大。目前，深圳的开发强度已达到 40%，东莞达到 38%，远高于香港（19%）、日本三大都市圈（15.6%）、法国巴黎地区（21%）和德国斯图加特（20%）的水平。某些大城市地区有变成大范围水泥地连成一片的“水泥森林”的危险，其宜居性不断下降。最后，城市用地结构不合理，工业用地比重偏高，而居住和生态用地比重偏低。即使不包括独立工矿区建设用地，2012 年全国城市建设用地中工业用地比重仍高达 19.0%，而生态用地（绿地）比重仅有 10.4%，居住用地比重只有 31.2%，仍低于 20 世纪 90 年代的水平。

(二) 城市经济发展不协调

这种不协调主要表现在两个方面：一方面，地区间城市发展不平衡，不同规模城市增长呈现两极化倾向。2010 年，西部地区地级及以上城市市辖区人均生产总值只有东部城市的 44.4%，人均工业增加值为 30.4%，人均城乡居民储蓄年末余额为 44.3%，人均地方财政一般预算内收入为 28.9%，人均社会消费品零售总额为 47.4%。再从城市规模结构看，人口、要素和产业向处于高等级行政中心的大城市高度集聚，形成了典型的极化现象，一些大城市尤其是特大城市过度膨胀，城市数量和人口比重不断增加，而中小城市和小城镇因产业支撑不足，基础设施和公共服务落后，呈现出相对萎缩态势。另一方面，城市产业结构不合理，发展层次较低，创新能力较弱，城市功能不完善。2011 年，中国地级及以上城市市辖区人均生产总值达到 11520 美元，比世界平均水平高 15%，但服务业增加值比重仅有 47.4%，比 2010 年世界平均水平低 23.5 个百分点。

中国城市间发展不平衡是人口与产业分布不协调的结果。近年来，一些城市特别是大城市和城市群在大规模集聚产业的同时，并没有相应地大规模集聚人口，由此造成就业岗位、产业分布与人口分布严重不协调。2010 年，长江三角洲、珠江三角洲和京津冀三大城市群人口占全国的 16.57%，但地区生产总值占全国的 33.78%，二者之比高达 1∶2.04。相比较而言，在美国、日本和欧洲国家，一些大都市区人口和 GDP 的份额基本上是相匹配的。2000 年，美国核心发达区域人口份额与 GDP 份额之比为 1∶1.21，日本东京都、大阪府和神奈川县为 1∶1.36，英国伦敦、曼彻斯特和西米特兰为 1∶1.24。

（三）城市社会发展失衡

在传统的粗放发展模式下，由于盲目崇拜 GDP，追求 GDP 高增长，忽视城市社会发展和民生改善，导致城市经济与社会发展不协调，各种社会矛盾加剧，城市贫富分化和二元结构日益凸显。

第一，城镇居民家庭财富差距较大。据测算，1995—2005 年，城镇居民收入基尼系数的下限由 0.2081 增加到 0.3291，而上限则由 0.2178 增加到 0.3456，分别上升了 58.1%和 58.7%。1991—2006 年，中国城镇居民收入差距每年以 4.5%的速度在扩大。全国城镇居民不同阶层之间的收入差距，2003—2008 年间均在不断扩大，之后开始趋于缩小，但 2012 年最高收入户与最低收入户平均每人可支配收入之比仍高达 7.77，最高收入户与困难户之比则高达 9.79（见表 6—3）。特别是，近年来大中城市房价的过快上涨，已经成为城镇居民家庭财富差距扩大的重要因素。

表6－3 城镇居民家庭按收入等级分组平均每人可支配收入差距的变化

年份	中等偏上户/中等偏下户	高收入户/低收入户	最高收入户/最低收入户	困难户/全国平均	最高收入户/困难户	高收入户/困难户
2003	1.82	3.31	8.43	0.248	10.40	6.25
2004	1.83	3.38	8.87	0.245	10.97	6.47
2005	1.88	3.52	9.18	0.238	11.53	6.89
2006	1.86	3.44	8.96	0.241	11.26	6.72
2007	1.84	3.42	8.74	0.244	10.95	6.62
2008	1.89	3.57	9.17	0.237	11.68	7.03
2009	1.87	3.48	8.91	0.244	11.16	6.76
2010	1.83	3.34	8.65	0.248	10.85	6.55
2011	1.82	3.33	8.56	0.248	10.90	6.59
2012	1.78	3.17	7.77	0.265	9.79	6.07

注：在全部调查户数中，最低收入户占10%，其中困难户占5%；低收入户占10%；中等偏下户、中等收入户、中等偏上户各占20%；高收入户、最高收入户各占10%。

[资料来源：根据《中国统计年鉴》(2004—2013年)计算]

第二，城市内部二元结构日益凸显。一方面，随着城市现代化的推进，城市政务区、中央商务区、高端商业区、现代金融区、高档居住区和别墅区等不断涌现，这些地区功能齐全、设施完善、服务高端、环境优美，成为城市的一道亮丽风景；另一方面，亟待改造的棚户区、危旧房、城中村和边缘区，则成为大量外来流动人口和低收入群体的聚居地，这些地区基础设施落后，环境卫生条件差，社会治安较乱，“脏乱差”现象突出。截止到2012年年底，全国共投入资金1.92万亿元，累计开工改造各类棚户区1260万户，但依然有1200万户家庭居住在棚户区。这些家庭大多属于低收入和中等偏下收入住房困难户。城市内部二元结构和居住空间分异的加剧，必然会诱发一系列社会矛盾，不利于和谐社会建设。

第三，城市贫困问题日益严重。近年来，中国的城市贫困人口规模不断扩大，城市贫困状况呈不断恶化趋势。1981—1990年，中国城市贫困人口在50万～390万人，贫困发生率平均为0.5%（世界银行，1993）；而目前中国的城市贫困人口规模早已超过千万，各种估计大约在2000万～3000万人。这些城市贫困人口大多为下岗失业人员、长期病伤残人员、特困职工以及其他特殊困难群体。2012年年底，全国城镇居民中享受最低生活保障的贫困人口就达2143.5万人，占城镇总人口的3.01%。然而，按照低保标准来界定城市贫困人口，显然低估了城市贫困人口的数量。据测算，目前中国城市贫困人口约5000多万，数倍于城市低保人口规模。

第四，农民工权益保护问题突出。农民工是当前城市发展中的一类特殊群体，长期面临着拖欠工资、劳动保护差、子女上学难、社会保障程度低等诸多问题。从工资拖欠情况看，随着近年来有关部门加大对农民工工资追讨和专项检查力度，被雇主或单位拖欠工资的农民工比例明显下降，但至今仍没有得到根本解决。农民工劳动时间长，工作强度大，生活条件差，工资待遇低，社会保障缺失，是长期得不到妥善解决的老大难问题。2012年全国以受雇形式从业的外出农民工中，有56.1%没有与雇主或单位签订劳动合同；雇主或单位为农民工缴纳养老保险、工伤保险、医疗保险、失业保险和生育保险的比例分别只有14.3%、24.0%、16.9%、8.4%和6.1%。

第五，征地拆迁中的利益冲突加剧。因城市向农村迅速蔓延以及城市危旧房和城中村改造，在征地拆迁过程中也产生了诸多矛盾和利益冲突。其中，最突出的是在城镇化过程中，由于处置不当或者制度和配套政策不完善，致使一些土地被征用的失地农民成为了“种地无田、上班无岗、低保无份”的“三无人员”。这种情况在全国各地普遍存在，尤其是那些快速城镇化地区更为突出。近年来，全国因征地而形成的失地农民大约有4000多万人。征地补偿标准、集体资产和土地增值收益分配、就业安置、养老和医疗保障等，是失地农民最为关心，也是最容易引发矛盾和冲突的问题。

（四）城市环境质量下降

粗放型的城市发展模式已经造成一系列环境问题，如城市边缘土地沙漠化、水污染、空气质量堪忧、原生态植被破坏、生物多样性减少、酸雨频繁等，严重影响了城市人居环境质量。一是城市湿地面积锐减，生物多样性持续减少。随着钢筋水泥丛林面积不断扩大，城市湿地往往被分割成面积狭小、生境破碎、孤岛式的斑块，湿地生境往往遭受破坏。二是城市地下水过度开采，地面加速沉降。由于大量抽取地下水，导致华北、西北、华东地区不少城市地下水位持续下降，部分地区已出现区域性地面沉降、裂缝等地质灾害和海水入侵等生态环境问题。目前，全国发生地面沉降灾害的城市已超过 50 个。三是城市空气质量较差，PM2.5 浓度普遍较高。按 2012 年 2 月新修订的《环境空气质量标准》，全国有 2/3 的城市空气质量不达标。尤其是，持续升级的雾霾污染已出现向全国蔓延的趋势。四是城市污水排放量持续增大，地表和地下水污染严重。全国城市污水排放量在 1991—2011 年间增长了 37.4%，而县城则在 2001—2011 年间增长了 84.1%。目前全国城市近 20%、县城 30%以及建制镇绝大部分污水没有经过有效处理，直接排入江河湖海，导致水资源污染严重，城市饮用水安全受到威胁。2011 年，在全国 200 个城市 4727 个地下水水质监测点中，较差一极差水质的监测点比例高达 55.0%；全国 113 个环保重点城市饮用水量中有 9.4%不达标。五是“垃圾围城”和城市污染向农村蔓延现象严重。目前，全国有 2/3 的城市处于垃圾包围之中，1/4 的城市已没有合适场所堆放垃圾。同时，以城市为中心的环境污染在迅速向农村蔓延，青山绿水的农家景象已不多见。

四、城市转型的方向和路径

城市转型是一个波浪式向前推进的永恒课题。当前，中国城市正处于一个加速转型和全面转型的新阶段。在这一新阶段，一方面城市转型的速度将加快，另一方面，城市转型将呈现出全面转型的特征。这里所讲的全面转型具有两层含义：一是必须从根本上改变传统的城市粗放发展模式，推动城市发展模式实现大转型；二是以发展模式转型为主线，全面推进城市经济、社会和生态转型，并围绕发展转型推进制度和空间转型。因此，要推进中国城市的全面转型，核心是建立低消耗、低排放、高效率、和谐有序的新型城市发展模式，全面提高城市发展质量，走经济繁荣、社会和谐、文化进步、生态文明的科学发展道路。为适应这种城市发展模式的大转型，加快推进城市产业转型是关键环节，与此相对应，城市管理制度和空间结构也应进行大变革。

（一）实行差别化的城市产业转型战略

加快城市产业转型是推进城市全面转型的关键环节。一般地讲，城市产业转型具有双重含义：一是城市的主导产业发生重大更替，最突出的是城市产业的多元化趋势，资源型城市转型就是这方面的典型例子；二是城市产业结构的升级，促使城市产业逐步向高级化和高端化方向发展。新时期，中国城市产业转型的核心任务，就是要加快推动城市产业升级，不断减少资源消耗和“三废”排放，建立资源节约、环境友好、生产效率高、注重自主创新、充分发挥人力资源优势、共享发展成果的特色新型产业体系。当前，全国各地已经掀起了产业升级和高端化的浪潮，各地城市不管有无条件都提出发展高端产业和战略性新兴产业。事实上，由于发展阶段和特点的不同，并非所有城市都具有高端化和发展战略性新兴产业的条件。总体上看，对于不同规模的城市，由于其发展条件和特点的不同，应该实行差异化的产业转型战略，以便在大中小城市和小城镇之间构筑一个优势互补、合理分工、错位竞争、互动融合的产业发展新格局。

第一，建立面向大都市圈的新型产业分工体系。近年来，随着经济全球化和区域一体化的加快，珠江三角洲、长江三角洲和京津冀等都市圈已经出现按产业链的不同环节、工序甚至模块进行分工的新态势。在这些大都市圈内，大都市中心区着重发展公司总部、研发、设计、培训以及营销、批发零售、商标广告管理、技术服务等环节，由此形成两头粗、中间细的“哑铃型”结构；大都市郊区（工业园区）和其他大中城市侧重发展高新技术产业和先进制造业，由此形成中间大、两头小的“菱形”结构；周边其他城市和小城镇则专门发展一般制造业和零部件生产，由此形成中间粗、两头细的“棒型”结构（见图6—2）。这种面向大都市圈的一体化新型产业分工，通过产业链重组和资源整合，可以提升大都市圈的整体竞争力，避免和化解都市圈内城市间的经济冲突，由此形成产业链群体竞争的格局。

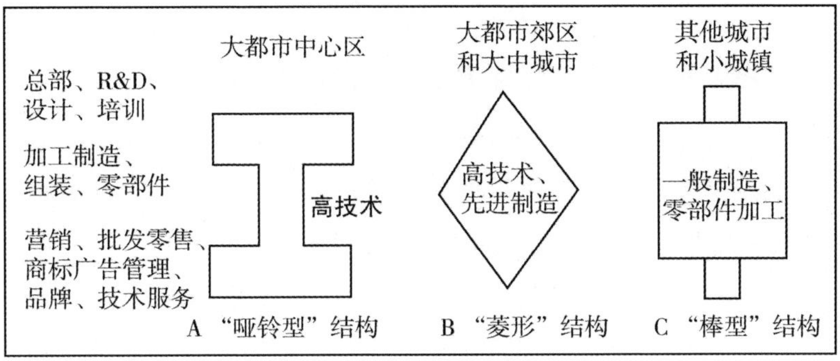

图 6－2　大都市圈内的产业链分工体系

［资料来源：魏后凯[①]，2007］

第二，推动大城市的高端化和服务化。就北京市、上海市、广州市、深圳市等大城市而言，今后应着力加大城市产业升级的力度，加快向高端化和服务化方向发展。高端化的核心是产业高端化。所谓产业高端化，就是依托大城市的科技、教育、人才和信息资源优势，大力发展高端产业，包括高技术含量、高附加价值、高效益的高端行业和产业高端环节。要加快发展高端服务业，积极发展高端制造业，依靠高端服务业与高端制造业融合互动，切实推动其产业高端化的进程。所谓服务化，就是要依托中心城区，强化城市中心功能，大力发展现代服务业尤其是高端服务业，包括总部经济、研发设计、高端商务、金融保险、现代物流、文化创意、时尚产业等，提高大城市服务业档次和水平。

第三，强化中小城市的特色化和专业化。对中小城市和小城镇而言，一定要发挥自身的优势，突出城镇和产业特色，强化专业化分工协作，走“专精特深”的特色专业化道路，逐步在全国培育一批“小而专”“小而特”“小而精”“小而美”的特色中小城市和小城镇，由此形成大中小城市

---

① 魏后凯．大都市区新型产业分工与冲突管理——基于产业链分工的视角[J]．中国工业经济．2007（2）．

和小城镇功能各异、特色突出、合理分工、错位竞争的新型发展格局。特别是要鼓励小城镇发展特色经济，向专业镇方向发展，广东专业镇和浙江“块状经济”的发展经验值得借鉴。

（二）建立规范有序的城市空间秩序

城市空间转型是城市转型的重要方面，其主要任务就是从本地实际出发，建立规范有序、高效畅通、生态宜居的城市空间秩序。这种城市空间秩序，既是反映城市形象、精神面貌和文明程度的重要层面，也是体现城市亲和力和凝聚力的重要标志。过去，有的学者把城市空间转型简单理解为城市空间形态的转变。事实上，城市空间转型具有更加丰富多彩的内涵，城市空间形态的转变只是城市空间转型的表征之一。因此，加快推动城市空间转型，关键是建立规范有序的城市空间新秩序，而不单纯是城市的规模扩张和形态转变。

第一，实行多元化空间转型战略。各个城市由于其发展阶段和特点的不同，其空间结构也具有自身的特殊性。对一些大城市而言，为避免人口和产业高度集聚在市中心区带来的种种弊端，将需要实行适度分散化战略，如有的需要向多中心网络城市转型，有的需要向组团式结构转型，还有的则需要向都市化或大都市区转型。但这种分散化的空间转型战略，并非适合于所有城市。对许多中小城市而言，为发挥集聚经济效应，强化中心城市功能，则应采取集中化的战略，把中心城区做大做强。所以，推动城市空间转型并非像某些学者所讲的由单中心向多中心或者向大都市区转型那样简单。

第二，推动向空间一体化转型。城市是一个由不同要素、产业和功能区复合而成的有机体。这些要素、产业和功能区之间是有机联系的。然而，在过去的城市建设中，城乡之间、功能区之间以及各产业之间往往是相互割裂的。比如，在一些大城市，由于片面强调功能区的专业化，建成了许多规模庞大、功能单一的工业区和住宅区，有的工业区规划面积甚至达上百平方千米，由此造成了严重的职住不平衡，既加剧了交通拥挤，增加了通勤成本，也给职工生产生活带来了不便。为此，需要按照城市有机体的思想，统筹城乡和产业发展，整合各功能区资源，协调生产、生活和生态功能，实现功能区内职住平衡，避免和减少大规模通勤，推动城市向空间一体化转型。

第三，科学规范空间开发秩序。要加强城市空间管制，规范空间开发秩序，提高城市土地利用效率，建设紧凑、集约、高效、生态型的宜居城市，逐步实现从空间无序开发向有序高效开发的转变。一方面，要设立生态空间的“底线”。从适宜人居创业的角度看，城市不仅需要良好的生产和工作空间，更需要良好的居住、生态和休闲空间。因此，在城市和城市群规划建设中，需要划定生态红线，科学地设置生态空间的底线，合理确定不同类型城市生态空间的最低比重。另一方面，要设置开发强度的“天花板”。要强化城市空间管制，就必须制定严格的约束性指标，明确城市的增长边界，设置开发强度的最高限度即“天花板”，以防止城市地区过度开发、“满开发”和乱开发。特别是在城市群地区，要防止甚至禁止相邻城市的建成区相互连成一片，避免形成缺乏生态和休闲空间的“水泥森林”。

第四，合理安排各类用地比例。目前，中国城市工业用地比重过大，价格明显偏低，利用效率低下。事实上，过去中国一些城市是以牺牲居住和生态用地为代价来高速推进工业化的，显然这违背了以人为本的科学发展理念。为此，必须坚持以人为本的理念，把人的需要放在首位，按照生活、生态、生产的优先次序，合理确定城市用地结构和比例，调控城市用地价格，并设置各类城市工业用地比重的最高限度。要逐步增加城市居住和生态用地的比例，严格执行城市工业用地招拍挂制度，不断提高工业用地效率。

（三）构建复合宜居的城市生态网络

城市是一个复合的生态有机体。因此，从各个城市的具体特点出发，构建网络化的城市生态廊道，建设复合宜居的城市生态网络，推进具有混合（Composite）、紧凑（Compact）、融合（Combine）、共生（Coexist）、循环（Circulate）5C特征的复合型城市建设，促进城市经济发展与生态环境保护的有机融合，创造良好的人居环境，不断增强城市的可持续发展能力，积极探索城市绿色发展、绿色繁荣之路，将是未来中国城市转型的重要方向。这里所讲的复合型城市，它是一种产业协调、功能融合、城乡统筹、生态平衡的新型城市形态，是一种可持续、宜居的有机城市。这样，在城市规划建设中，就需要彻底抛弃过去那种城市单一功能分区的传统思想和做法，树立城市“有机体”的复合理念，避免搞大范围、功能单一的卧城或工业区，高度重视产业混合用地和职住平衡，尽可能减少大范围“钟摆式”的通勤，构建现代化的新型复合城市和有机城市，促进城市生产、生活和生态协调发展。

五、大城市膨胀病的综合治理

由于资源配置的行政中心偏向和大城市偏向，以及集聚经济和市场力量相互强化形成的极化效应，近年来中国大城市尤其是特大城市出现了人口迅速膨胀，用地规模急剧扩张，城市空间过度蔓延，建成区“越摊越大”。如果把暂住人口计算在内，2012 年上海、北京、重庆、深圳、广州、天津、武汉、东莞、郑州、沈阳、南京、成都、哈尔滨 13 个城市城区人口规模已超过 400 万，其中上海市、北京市、重庆市、深圳市、广州市已超过 1000 万(见表 6—4)。东莞市的城区人口虽然高达 602 万，但主要是暂住人口，剔除暂住人口后城区人口只有 186 万。除东莞市外，从 2006 年到 2012 年，12 个 400 万人以上的特大城市城区人口规模增长了 27.4%，建成区面积扩张了 55.5%，分别是全国城市平均增速的 2.06 倍和 1.57 倍。这期间，12 个特大城市城区人口占全部城市的比重由 23.7%提高到 26.6%，6 年内增长了 2.9 个百分点；全国城市新增城区人口的 49%流向了这 12 个特大城市。

表 6—4 中国 12 个 400 万人以上的特大城市城区人口增长情况

城市	2006 年(万人)	2012 年(万人)	人口增长(%)	城市	2006 年(万人)	2012 年(万人)	人口增长(%)
上海	1815.08	2380.43	31.15	沈阳	457.61	571.36	24.86
北京	1333.00	1783.70	33.81	南京	431.32	567.27	31.52

（续表）

城市	2006年（万人）	2012年（万人）	人口增长（%）	城市	2006年（万人）	2012年（万人）	人口增长（%）
广州	985.54	1015.00	2.99	郑州	261.20	591.66	126.52
深圳	846.43	1054.74	24.61	成都	390.24	458.31	17.44
重庆	832.54	1118.30	34.32	哈尔滨	415.25	430.61	3.70
武汉	493.00	627.52	27.29	小计	8828.66	11248.31	27.41
天津	567.45	649.41	14.44	全部城市	37272.8	42226.8	13.29

注：东莞市因暂住人口多、城区人口不稳定未包括在内。城区人口包括暂住人口。

［资料来源：根据《中国城市建设统计年鉴》（2006、2012年）整理］

大城市规模的急剧膨胀，造成了人口拥挤、交通堵塞、住房紧张、资源短缺、环境污染、贫困加剧等问题，致使大城市膨胀病凸显。据测算，上海市中心城区人口密度高达2.42万人/平方千米，北京市达2.34万人/平方千米，均高于巴黎、东京和纽约中心城区的密度。交通拥堵则是各大城市普遍存在的问题，尤其是一些特大城市交通拥堵现象十分严重，有的城市中心地区高峰时段交通几乎接近瘫痪状态。交通拥堵导致大城市居民上下班通勤时间大幅增加。据调查，北京、上海、天津、沈阳、西安、成都等城市上下班平均通勤（往返）时间已经超过1小时，其中北京市高达1.32小时，上海市达1.17小时，天津市达1.15小时。房价高昂且上涨较快，生态空间不足，环境污染严重，各种社会矛盾激化，也是这些大城市普遍面临的问题。国际上普遍认为，合理的房价收入比取值范围为4～6，而中国城市等级体系中处于顶端的12个特大城市，包括上海、北京、重庆、天津、广州、深圳、成都、杭州、苏州、南京、武汉、沈阳，其房价收入比从2005年的8.65上升到2010年的11.04。在2007—2012年，全国35个大中城市商品房平均销售价格上涨了1.09倍，远高于城镇居民可支配收入的增长幅度。

大城市膨胀病的核心是城市规模过大，或者扩张过快，超越了城市综合承载能力。这种综合承载能力主要包括资源环境承载能力、公共设施承载能力和产业支撑或者人口吸纳能力。目前，中国一些400万人以上的特大城市普遍面临资源环境和公共设施承载能力不足的限制，有的已经逼近其承载能力的极限，甚至超过了承载能力。有关研究表明，北京市水资源承载能力在1800万人以内，目前的人口规模基本处于超载、不可持续状态。深圳市的化学需氧量（CODcr）和氨氮（NH_3-N）排放量均大大超过水环境容量，近年来出现了人口、土地、资源、环境四个“难以为继”。

针对大城市日益凸显的膨胀病，必须多管齐下进行综合治理。

第一，严格控制特大城市人口规模。对于100万人以上的特大城市，要区分不同情况，实行差别化的人口规模调控。目前，中国100万～200万人的特大城市仍有较大的发展空间，但200万～400万人的特大城市其资源环境承载能力已日益有限，一些400万人以上的特大城市已经处于超载状态，而且过大的规模也增加了其外部效应，因此，严格控制特大城市人口规模应把重点放在400万人以上的特大城市。除了采取积分制等限制落户外，关键是根据城市功能定位和发展导向，制定科学合理的产业准入标准，调整优化产业结构，逐步引导这些城市向高端化和服务化方向发展，依靠转型升级和产业优化来减轻其人口大规模集聚的压力。

第二，实行功能和产业疏散战略。建立卫星城镇，限制特大城市中心区设施新建，鼓励特大城市的企业外迁，这是各国治理大城市膨胀病的普遍做法。为此，要根据城市综合承载能力和功能定位，实行功能疏散战略，合理引导特大城市中心区人口、产业、设施向郊区和周边地区扩散，依靠功能疏散引导人口、产业和设施疏散，促进特大城市空间结构优化和区域一体化，提高其可持续发展能力。功能疏散是控制特大城市人口规模的核心和关键。同时，要着力推进基础设施、产业布局、环境治理、要素市场、劳动就业和社会保障等一体化，促使进城农民在特大城市郊区（县）和周边城镇居住，并通过快速交通体系到城区上班，或者实现就近就业，减少远距离通勤量。

第三，提高特大城市综合承载能力。针对公共设施容量不足的状况，面向广大百姓和特殊困难群体，增加大城市公共服务设施的供给。特别是，要优先发展公共交通，加快建设大容量快速轨道交通体系、快速公交（BRT）体系和城际快速轨道交通体系，构建便捷、安全、经济、舒适、绿色的城市公共交通网络，鼓励公交出行和绿色出行，设置错时上班制度，大力推进公交都市建设。对于城区人口 100 万以上的特大城市，未来都应该规划建设轨道交通，依靠轨道交通来缓解交通拥堵。从国际经验看，巴黎和伦敦轨道交通承载着全市 65%的客流量，纽约为 61%，东京则为 86%。此外，对于一些严重缺水的特大城市，在进行技术经济论证和生态环境影响评价的基础上，还可以通过跨区域调水、海水淡化等工程措施来提高其承载能力。

第四，增强对大城市病的治理能力。针对空气、水、垃圾等重点污染问题，制订实施专项行动计划，建立完善主要污染物总量减排统计、监测、预警和考核制度以及区域联防联控机制，加强对大城市环境污染的综合治理。实行供给管理与需求管理相结合，采取牌照拍卖、车辆限行、设计单行道、提高停车费、征收拥挤费、设立公交专线、整治交通秩序等措施，加大汽车拥有成本和使用成本，适当控制和减少汽车出行量，优化交通流向和布局，提高疏导通行能力，从而缓解乃至根除大城市交通拥挤状况。此外，按照生态宜居的原则，加强对大城市老城区的生态化改造，加大对城中村和边缘区的治理力度，积极推进老工业区、老企业的搬迁改造和老旧住宅区整治改造，从根本上破解城市内部二元结构难题。

第七章

城乡一体化体制机制创新

建立城乡统一的户籍登记管理制度
建立城乡统一的土地管理制度
建立城乡统一的就业管理制度
建立城乡统一的社会保障制度
建立城乡统一的行政管理制度

城乡二元结构是制约城乡发展一体化的主要障碍。推进城乡发展一体化，必须突破城乡二元体制障碍，加快统筹城乡综合配套改革步伐，建立完善城乡统一的户籍登记管理制度、土地管理制度、就业管理制度、社会保障制度和行政管理制度，促进城乡要素自由流动、平等交换和公共资源均衡配置，实现城乡居民生活质量的等值化。实行城乡户籍、土地、就业、社会保障和行政管理“五统一”，是实现城乡发展一体化的重要前提和制度保障。

一、建立城乡统一的户籍登记管理制度

当前，户籍制度改革严重滞后，已经成为制约城乡发展一体化的重要障碍。中国现行的《户口登记条例》是1958年颁布实施的，其中大部分内容已与实际情况脱节，不适应目前社会管理的需要。2011年2月，国务院办公厅发布了《关于积极稳妥推进户籍管理制度改革的通知》，提出“分类明确户口迁移政策”，把“有合法稳定职业并有合法稳定住所（含租赁）”作为落户基本条件。中共十八大和十八届三中全会都提出了加快户籍制度改革的要求，2014年中央城镇化工作会议则明确提出要“解决已经转移到城镇就业的农业转移人口落户问题”。根据党中央、国务院的精神，近年来各地相继取消了农业户口和非农业户口划分，并不同程度地放宽了农村人口落户城镇政策，尤其是中小城市和小城镇普遍放开了落户限制，一些大城市也适当降低了落户门槛。其中，广东省、上海市、天津市等地探索建立了积分落户制度；重庆市、成都市、苏州市等地实行本地人户口自由迁移政策；大部分省份探索建立了居住证制度和城乡统一的户口登记制度。从2010年到2012年，全国共办理“农转非”户口2505万人，为前三年的2.2倍。

但总的看来，当前户籍制度改革仍停留在放开户籍层面，并未触及深层次的社会福利制度改革，各项配套制度改革严重滞后。各地社会保障制度仍以户籍制度为制定依据，一些地方学校招生仍以本地户口作为前置条件，计划生育、义务兵退役优抚安置和交通肇事死亡赔偿等均对城乡不同户籍人口实行差别政策，许多大城市都制定了限制外来人口购车购房的措施，有的还对就业提出户籍条件的要求。一些特大城市外地大专毕业生进驻落户仍需要指标，按条件审批。一些地方虽然取消了农业户口和非农业户口划分，但不同性质户口上原有的权益并未统一，仍须加以标识区分，城乡户籍一元化改革有名无实。从各地积分落户制的实践看，由于落户门

槛设计偏高和实行总量控制，近年来真正通过积分正式落户的比例很少。各地推行的居住证制度，虽然部分解决了农业转移人口的市民待遇，但城市居民最低生活保障、公租房保障等普遍没有纳入。由于全国《居住证管理办法》尚未出台，各地“自行其是”，收费标准不一，对办证条件、持证人权利与义务以及转为户籍人口的具体年限，缺乏统一的管理规范。因此，消除城乡二元结构，促进城乡发展一体化，必须以加快户籍制度改革为突破口。

（一）明确户籍制度改革的基本方向

户籍制度是依法收集、确认、提供住户人口基本信息的国家行政制度，其基本功能是身份证明、人口统计和社会管理。推进户籍制度改革，就是要打破城乡分割，按照常住居住地登记户口，实行城乡统一的户口登记管理制度，同时剥离户籍中内含的各种权利和福利，实现公民身份和权利的平等。户籍制度改革涉及面广、关注度高，一定要统筹规划，搞好顶层设计，坚持自愿、分类、有序的原则，积极稳妥推进。要改变目前完全由地方主导的做法，充分发挥中央政府的主导作用，推动户籍制度改革由地方主导向中央主导转变。要从全局战略高度，尽快制定颁布全国户籍制度改革总体方案，包括最终目标、制度安排、改革路线图和时间表。当前，有关部门已提出到2020年基本形成以合法稳定住所和合法稳定职业为户口迁移基本条件、以经常居住地登记户口为基本形式，城乡统一、以人为本、科学高效、规范有序的新型户籍制度。这种新型户籍制度虽然以经常居住地登记户口为基本形式，但仍然把合法稳定住所和合法稳定职业作为户口迁移的基本条件。显然，这种做法沿袭了现有的“放宽落户条件”的思路，并非户籍制度改革的终极目标，而只能是一种中短期的过渡性目标。从长远看，户籍制度改革的最终目标只能是按照常住居住地登记户口这一唯一标准，实行城乡统一的户口登记管理制度，而不应该附加诸如就业、住所等其他条件。

（二）尽快剥离户籍的福利分配功能

户籍制度改革能否成功，关键在于能否剥离户籍内含的福利分配功能。当前，必须尽快剥离现有户籍中内含的各种权利和福利，以常住人口登记为依据，实现基本公共服务常住人口全覆盖，而不单纯是城镇常住人口全覆盖。公民一律在常住居住地即户籍登记地依照当地标准，行使公民的各项基本权利，享受各项公共服务和福利，包括选举权、被选举权和公共福利享有权等。首先，禁止各地新出台的各项有关政策与户口性质挂钩，除国务院已经明确规定的就业、义务教育、技能培训等政策外，要把范围扩大到社会保障和公共服务各领域。即使是北京、上海等特大城市，新出台的人口规模调控政策，也不应与户口性质挂钩，而应研究制定其他非歧视性的标准。其次，对就业、教育、计划生育、医疗、养老、住房等领域现有各种与户口性质挂钩的政策进行一次全面清理，取消按户口性质设置的差别化标准，研究制定城乡统一的新标准，使现有政策逐步与户口性质脱钩。凡条件成熟的，应尽快调整相关政策，并修订完善相关法律法规；暂时不具备条件的，应研究制定分步实施的办法，提出完全脱钩的时间表。这样通过新政策不挂钩、旧政策脱钩，逐步建立城乡统一的社会保障制度和均等化的公共服务制度。

（三）建立全国统一的居住证制度

尽快出台《居住证管理办法》，规范和完善居住证制度。居住证申办要从低门槛逐步走向无门槛，严禁将学历、职称、无犯罪记录等作为申办的前置条件。各地应对常住外来人口无限制统一发放居住证。持证人在选举权、就业权、义务教育、技能培训、临时性救助、基本医疗保险、基本养老保险和失业保险等方面，享受与当地户籍人口同等待遇，以保障其公民基本权益。除了基本保障外，其他方面的社会保障和公共服务，如住房保障、一般性社会救助等，由各地方政府根据实际情况确定，中央不做具体规定。在此基础上，根据持证人在当地居住年限、务工经商情况、有无稳定收入来源、社保缴纳情况、缴税情况等，建立与之挂钩的积分落户制度。当持证人达到一定的积分，应给予落户。积分落户的门槛不能太高。由于居住证是一个过渡性的临时措施，过渡期不宜太长。当条件成熟时，应取消居住证，完全按常住居住地登记户口，在全国实现由居住证向统一户籍的并轨。所谓条件成熟，就是要建成均等化的基本公共服务制度和城乡一体的体制机制，实现基本公共服务常住人口全覆盖。当前，可以考虑用10年左右的时间，在全国实现由居住证向统一户籍的并轨。

（四）因地制宜分类分步有序推进

各地要根据自身的综合承载能力和发展潜力，在符合全国改革目标和大方向的前提下，因地制宜制定切合实际的具体改革方案，分类型分步骤有序推进户籍制度改革。十八届三中全会和中央城镇化工作会议均明确指出："全面放开建制镇和小城市落户限制，有序放开中等城市落户限制，合理确定大城市落户条件，严格控制特大城市人口规模。"这就意味着，户籍制度改革将按照先易后难、从小到大的顺序梯次展开，首先是中小城市和小城镇，然后是大城市，最后才是特大城市。对于中小城市和小城镇，要在农民自愿的基础上，尽快把符合条件的城镇常住农业户口人口转变为城镇户口，使其享受与城镇居民同等的待遇。对于大城市和特大城市，由于农业转移人口多，市民化压力大，当前要重点解决三类群体的市民化和落户问题。一是稳定就业的农民工。这类群体进城务工经商时间长，就业和收入稳定，思想观念、生活方式等已基本融入城市社会，具备了转变为市民的条件。二是举家迁移的农民工。这类群体大多有稳定的职业，且已经在城市定居，市民化意愿和能力都较强，需要考虑给予优先落户。三是新生代农民工①。这类群体受教育程度较高，没有务农经历，基本不懂农业生产，且主要在大中城市务工，具有在城市定居的强烈意愿。

（五）建立多元化的成本分担机制

农民进城落户和融入城市需要支付巨额的改革成本。要合理消化这一成本，必须充分发挥政府的主导作用，加大各级财政的投入力度，同时鼓励企业、农民、社会积极参与，逐步建立一个由政府、企业、农民、社会等共同参与的多元化成本分担机制。首先，充分发挥政府的主导作用。要

① 通常指1980年之后出生的外出农民工。

明确中央、省和城市政府的职责分工，义务教育、社会救助等最基本的公共服务主要由中央政府负责；失业、医疗、养老保险等随着统筹层次的提高，中央财政也应承担更高的比例；而就业扶持、权益维护、计划生育、公共卫生、社区服务、保障性住房等方面的投入，主要由城市政府承担。中央和省级财政通过建立转移支付同农业转移人口市民化挂钩机制，加大对农业转移人口集中流入地区的支持。其次，鼓励企业和社会广泛参与。尤其要调动企业的积极性，参与分担就业培训、权益维护、社会保障和住房条件改善等方面的成本。要积极引导企业加强对农业转移人口的就业培训，参与公租房、廉租房建设，集中建立农民工宿舍或公寓，改善农民工居住社区环境。同时，强化企业的社会责任，加强农民工的劳动保护，及时足额为农民工缴纳相关保险费用，提高农民工参与城镇社会保险的比例。

二、建立城乡统一的土地管理制度

长期以来，中国实行的是城乡二元的土地管理制度。在城市市区，土地所有权归国家所有，由国家或城市进行集中统一管理。近年来，一些地方对城市规划区范围内的土地实行了统一规划、统一征用、统一储备、统一开发、统一出让和统一管理。而在农村和城市郊区，土地所有权归集体所有，使用权和经营权归农民所有，由集体经济组织或村民委员会经营、管理。这种城乡二元的土地管理制度，导致了城乡土地市场的分割和地政管理的分治，严重影响了城乡发展一体化进程。特别是，由于农村建设用地不能直接入市交易，需要通过政府征地才能变为城镇建设用地，因而容易引发社会矛盾。现行的征地补偿标准较低，既损害了农民的利益，又助推了城镇蔓延，造成城镇土地低效利用。为此，必须消除土地制度障碍，建立城乡统一的土地管理制度，严格、规范土地管理秩序。

（一）健全土地统一登记制度

实行统一的土地权属登记，以法定形式明确土地使用权的归属和土地使用的用途，是建立城乡统一的土地管理制度的基础。按照现行的《土地管理法》，农村集体所有的土地，由县级人民政府确权、登记和发证，城市国有土地由县级以上人民政府确权、登记和发证；中央国家机关使用的国有土地，由国务院确定具体登记发证机关。同时，根据土地上附着物的不同，其确权发证部门和所依据的法律也不相同。林权证由林业部门根据《森林法》颁发，草权证由农业部门根据《草原法》颁发，而养殖权证由水产部门根据《渔业法》颁发。这种分级多头管理的做法，与《土地管理法》总则中提出的“国务院土地行政主管部门统一负责全国土地的管理和监督工作”是相矛盾的，而且还造成了各部门间职责不清、相互掣肘，给城乡居民办证领证带来不便。为此，必须尽快修订《土地管理法》及相关法律，建立健全城乡土地统一登记制度。首先，要明确土地行政主管部门为唯一的土地权属登记机构，对城乡土地进行统一确权、登记和颁证。其次，要统一土地登记标准。无论城镇国有土地还是农村集体土地，无论耕地、林地、草地还是非农建设用地，都要纳入统一的土地登记体系，发放统一的土地登记簿和权利证书，建立城乡统一的土地登记信息系统。最后，以土地为核心，把目前分散在各部门的土地、房屋、草原、林地和海域等不动产统筹起来，建立不动产统一登记制度。

（二）实行城乡地政统一管理

在地政管理方面，目前中国对城镇和农村土地采用不同的管理方式和手段，实行城乡分治。农村地政管理主要针对土地利用现状管理，而城镇则主要偏重权属管理。譬如，至今为止，地籍管理仍局限于城镇，广大农村仍采用土地利用管理模式，以资源性管理为主，主要针对土地利用现状、分布、变化进行管理，农村地籍调查最近几年才刚刚开始。因此，打破城乡分治的局面，实行城乡地政统一管理势在必行。一是加强地籍调查。结合土地调查，以“权属合法、界址清楚、面积准确”为原则，以农村地籍调查尤其是农村集体土地所有权和建设用地使用权地籍调查为重点，全面摸清城乡每一宗土地的利用类型、面积、权属、界址等状况。二是建立统一的地籍信息中心。在地籍调查的基础上，整合各部门相关资源以及城乡土地图形数据和属性数据，建立城乡统一、全国联网的地籍信息中心，向全社会开放，实现资源共享。三是建立统一的土地统计制度。由土地行政主管部门和统计部门负责，建立城乡统一的土地分类标准、统计口径和指标体系，统一发布土地数据，改变目前统计数字不实、不准的状况。四是对城乡地政实行统一管理。土地的地政管理权限不能分散，更不能以城乡差别、权属性质和土地上附着物的不同作为“分治”的依据。城乡地政业务应依法由土地行政主管部门实行统一管理，国有的森林、草地和农业用地也只能由土地行政主管部门代表国务院颁发土地使用证，只是其土地使用的类型不同而已。

（三）建立城乡统一的土地市场

当前，要进一步深化农村土地制度改革，加快建立城乡统一的土地市场，尤其是城乡统一的建设用地市场。长期以来，中国实行城乡有别的建设用地使用制度。现有法律规定，农村集体建设用地不得入市流转，仅限于乡（镇）村公共设施和公益事业、乡镇企业、农民自建房等乡（镇）村建设。《土地管理法》第六十三条规定：“农民集体所有的土地的使用权不得出让、转让或者出租用于非农业建设。”《城市房地产管理法》第九条规定：“城市规划区内的集体所有的土地，经依法征用转为国有土地后，该国有土地的使用权方可有偿出让。”《担保法》规定：耕地、宅基地、自留地、自留山等集体所有的土地使用权不得抵押，乡（镇）、村企业的土地使用权不得单独抵押。受现有法律的限制，农村集体建设用地与国有建设用地不同权、不同价，二者处于不平等的地位。为此，十八届三中全会通过的《中共中央关于全面深化改革若干重大问题的决定》明确指出：“建立城乡统一的建设用地市场。在符合规划和用途管制前提下，允许农村集体经营性建设用地出让、租赁、入股，实行与国有土地同等入市、同权同价。”这就为打破城乡分割的建设用地市场提供了政策依据。

建立城乡统一的建设用地市场，一是要统一城乡建设用地制度。尽快抓紧修订《土地管理法》《物权法》《担保法》《城市房地产管理法》等相关法律，对阻碍农村集体经营性建设用地同等入市的条文进行修改，加快建立统一、规范的建设用地制度。对《宪法》第十条关于“城市的土地属于国家所有”的规定，也应根据新形势进行修订。二是坚持同等入市、同权同价。这就意味着，以乡镇企业为主的农村集体经营性建设用地可以与国有建设用地以平等的地位进入市场，享有与国有建设用地相同的权能，在一级市场中可以出让、租赁、入股，在二级市场中可以租赁、转让、抵押等。允许农村集体经营性建设用地同等入市，其前提是符合规划和用途管制。“小产权房”因不符合规划和用途管制，目前建设、销售和购买均不受法律保护，应尽快研究制定分类政策措施，提出“小产权房”的具体处置办法。三是规范农村集体经营性建设用地流转。在吸收广东、浙江等地经验的基础上，尽快制定出台《农村集体经营性建设用地流转条例》，对农村集体经营性建设用地流转的前置条件、交易方式和程序、土地收益、法律责任等进行统一规范。要将农村集体经营性建设用地交易纳入统一的交易平台，并采取招标、拍卖、挂牌方式进行交易。四是切实保障农民宅基地用益物权。中共十八届三中全会已明确提出，要“改革完善农村宅基地制度，选择若干试点，慎重稳妥推进农民住房财产权抵押、担保、转让，探索农民增加财产性收入渠道”。宅基地属于非经营性建设用地，目前暂未纳入“同等入市”的范围。但从长远看，应通过试点积累经验，将农民宅基地逐步纳入城乡统一的建设用地市场。五是建立城乡统一的土地交易平台。在确权登记发证的基础上，将农民承包地、集体建设用地、宅基地、林地使用权等纳入统一的土地交易平台，规范交易程序，促进农村集体土地合理有序流转。

（四）进一步完善农村土地征用政策

长期以来，在推进城镇化过程中，政府征用农地按照被征用农地的农业用途给予补偿，其中土地补偿费和安置补助费均按农地被征用前三年的平均年产值倍数计算，农民得到的补偿费偏低。政府征地之后，通常按照城市建设用途的市值高价出让。低价征用、高价出让已成为各地政府增加财政收入的重要途径。土地征用补偿标准偏低，征地范围过宽，既造成城镇土地空间粗放扩张，也产生了大量失地农民和征地纠纷，导致涉及征地的信访居高不下，群体性事件时有发生。为此，要缩小征地范围，规范征地程序，改变现行按农业生产价值进行补偿的办法，实行以市场价值为补偿标准的土地征用政策，完善对被征地农民合理、规范、多元保障机制，让失地农民共享城镇化收益。首先，缩小征地范围。严格界定公益性和经营性建设用地，将征地界定在公益性范围内，逐步减少强制征地数量。对于非公益性用地要禁止采用国家强制征地方式，主要依靠完善农村集体经营性建设用地市场来解决。其次，规范征地程序。改革完善征地审批、实施、补偿、安置、争议调处裁决等程序，切实保障被征地农民的知情权、参与权、收益权、申诉权、监督权，进一步规范和约束政府的征地行为，防止地方政府滥用征地权。最后，完善保障机制。要提高征地补偿标准，按照土地市场价值而非农业生产价值进行补偿，完善征地补偿价格公开机制，实行同地同价，切实保障农民的合法收益。要从扶持就业、职业培训、住房保障、社会保障、留地安置等方面，采取综合政策措施，切实保障被征地农民权益和长远生计。

三、建立城乡统一的就业管理制度

建立城乡统一的劳动力市场和就业管理制度，是促进城乡发展一体化的重要保障。早在2006年3月，国家“十一五”规划纲要就提出要“统筹城乡就业”。同年7月，劳动保障部等四部（委）联合发布了《统筹城乡就业试点工作指导意见》，在全国开展统筹城乡就业试点工作，其目标是“建立城乡一体化的劳动力市场，形成保障城乡劳动者平等就业的制度，促进城乡劳动者实现比较充分的就业”。2008年10月，中共十七届三中全会进一步提出，“统筹城乡劳动就业，加快建立城乡统一的人力资源市场”。2013年11月，十八届三中全会亦明确提出，“消除城乡、行业、身份、性别等一切影响平等就业的制度障碍和就业歧视”，“完善城乡均等的公共就业创业服务体系”。在中央的统一部署下，近年来各地积极探索，城乡就业一体化取得了显著成效，农民工就业歧视问题已得到初步解决。但是，劳动力市场的城乡分割状况至今仍未根本消除，城乡就业不平等问题依然突出。为此，必须深化劳动就业制度改革，促进城乡区域间劳动力自由流动，彻底消除对农民工的各种就业限制和歧视，以促进城乡平等充分就业为目标，建立城乡统一的就业失业登记制度和均等的公共就业创业服务体系，推动形成平等竞争、规范有序、城乡一体的劳动力市场。

（一）消除影响城乡平等就业的一切障碍

城乡平等就业是指城乡劳动者享有平等的就业权利和平等的就业机会。长期以来，城乡分割的二元户籍制度和劳动力市场，造成了严重的城乡就业歧视。最为突出的是对农民工的就业歧视问题。这种歧视主要表现在两个方面：一是就业机会不平等。直至今日，一些地方对农民工就业的行业和工种仍设有准入限制，一些岗位往往以户籍作为准入条件。比如，一些地方明确禁止、限制外来农民工从事公务员、事业单位职员、客运出租车驾驶员、商业银行职员等行业、工种；有些地方的公共就业服务仍按户籍和来源地来区分劳动者，将就业创业培训等公共服务项目优先提供给本地劳动者，而将外来农民工排斥在外。二是就业待遇不平等。主要表现为农民工劳动报酬权、休息休假权、劳动保护权、社团待遇不平等，非法强迫劳动时有发生，就业补贴存在差别，社会保障程度较低。与城镇国有单位职工相比，劳动时间长，工资待遇低，各项福利保障缺失，相关权利无法保证，这是农民工面临的普遍问题。2012 年，41.3%的农民工雇主或单位不提供住宿也没有住房补贴，农民工在工资收入和参与城镇社会保障等方面，与城镇单位职工也有较大的差距（见表 7—1）。

表 7－1　2009—2012 年农民工月均收入和劳动保护情况

指标	农民工状况				相当于城镇职工的比重（%）			
	2009	2010	2011	2012	2009	2010	2011	2012
签订劳动合同比重（%）	42.8	42.0	43.8	43.9	42.80	42.00	43.80	43.90
养老保险参与率（%）a	7.6	9.5	13.9	14.3	20.82	24.75	33.82	33.45
工伤保险参与率（%）a	21.8	24.1	23.6	24.0	94.42	99.88	92.13	89.87

（续表）

指标	农民工状况				相当于城镇职工的比重（%）			
	2009	2010	2011	2012	2009	2010	2011	2012
医疗保险参与率（%）a	12.2	14.3	16.7	16.9	19.60	22.14	24.37	22.43
失业保险参与率（%）a	3.9	4.9	8.0	8.4	19.79	24.54	38.60	39.27
生育保险参与率（%）a	2.4	2.9	5.6	6.1	13.64	15.75	27.85	28.14
月平均收入（元）b	1417	1690	2049	2290	52.74	55.50	58.83	58.76

注：a城镇职工社会保险参与率为各类社会保险参保人数与城镇人口之比；b城镇职工采用城镇单位就业人员平均工资数据。

[数据来源：根据《中国统计年鉴》（各年度）、《中国人口和就业统计年鉴》（各年度）和2009—2012年全国农民工监测调查报告计算]

一般认为，城乡二元的户籍制度是造成对农民工就业歧视的主要因素。蔡昉等学者的研究表明，城乡工人工资差异中有76%是由城乡户籍造成的；胡建国的研究也表明，户籍制度对城乡工人工资差异的贡献达到66.9%。但是，近年来随着各项改革的不断深入，户籍因素的影响已经日益下降。为此，要进一步深化户籍制度改革，完善体制机制和相关政策，彻底消除影响城乡平等就业的一切障碍，尤其是对农民工的各种就业限制。各单位要面向城乡劳动者统一招聘，禁止各种形式的对农民工的就业歧视，赋予和保障农民工同等的就业权益，依法保障农民工同工同酬和同等福利待遇，建立完善城乡平等的一体化就业政策体系，包括就业机会、创业支持、职业培训、劳动保护和就业管理等方面的政策。

（二）建立城乡统一的就业失业登记制度

自20世纪80年代初以来，中国实行的一直是城镇就业失业登记制度，而没有把农村劳动力纳入就业失业登记范畴。各级政府的就业援助和就业服务政策也主要针对城镇劳动者制定实施。这种城乡二元的就业管理制度，将农村有就业能力和就业要求但没能就业的劳动者排除在外，既是对农村劳动者的歧视，也难以真实反映全社会的就业失业状况，不利于宏观调控和社会稳定。迄今为止，有关部门仍只发布城镇新增就业人数和城镇登记失业率数据。由于未包括进城务工的农村劳动力，加上并非所有城镇失业人员都愿意去登记，所以城镇登记失业率数据往往偏低，不能较好地反映社会总体失业状况。为此，首先应借鉴江苏、山东青岛、四川成都等地的经验，尽快在全国范围内推广建立城乡统一的就业失业登记制度，将农村劳动力统一纳入就业失业登记范围，统一发放《就业失业登记证》，定期发布城乡统一的社会登记失业率。目前，成都已将法定劳动年龄内有劳动能力和就业要求，在农村没有土地承包经营权和林地使用权，或者土地承包经营权和林地使用权已转让的，处于无业状态的城乡居民，统一纳入全市失业登记管理服务范围。这一经验值得借鉴和推广。在条件成熟时，要采用调查失业率指标取代登记失业率指标。

（三）完善城乡均等的公共就业创业服务体系

公共就业创业服务是指各级政府提供的公益性就业和创业服务，它是基本公共服务的重要内容之一。其目的是为有劳动能力和就业创业愿望的劳动者提供平等的就业创业机会。长期以来，中国公共就业创业服务政策存在明显的城市偏向，政府的就业目标主要是降低城镇登记失业率，资金和政策支持也以城镇下岗失业人员的再就业为重点；而对农村就业失业状况的监测一直是空白的，没有纳入宏观管理目标体系，资金投入和支持政策也较少，由此造成城乡劳动者在就业机会上的不平等。近年来，虽然各地均把农村劳动者纳入公共就业创业服务范围，但城乡就业创业不公平、不充分、不平衡的难题并未根本解决。为此，应坚持城乡一体、公平公正的原则，以农村地区为重点，以公共服务平台建设为突破口，统筹城乡就业创业，建立城乡均等的公共就业创业服务体系。首先，要对劳务市场、人才市场等各类劳动力市场进行整合，将城乡分割、行业分割、部门分割的劳动力市场统一起来，构建城乡统一、公平开放、规范有序的公共就业服务体系。其次要打破城乡界限，在求职登记、职业介绍、就业指导、就业训练、创业支持等公共就业创业服务方面，对城乡劳动者同等对待，实行统一的标准。要加大资金投入力度，加强对农业转移人口的职业培训，并将其纳入国民教育培训体系。最后要将失地农民、农村失业和就业困难人员等统一纳入就业扶持和就业援助范围，各种社会保险补贴、失业保险金、创业补贴等就业援助政策和就业困难人员认定，要实现城乡全覆盖和无缝对接。

四、建立城乡统一的社会保障制度

近年来，随着社会保障体制改革的深入推进，中国城乡居民基本养老保险和基本医疗保险总体实现了全覆盖，以养老、医疗、低保为重点的基本社会保障体系框架基本建成，这标志着中国已经进入了“全民社保”的新阶段。但是，应该看到，目前中国社会保障还存在着统筹层次不高、城乡发展不平衡、转接机制不完善、农村保障水平低等诸多问题，长期形成的社会保障城乡分割状况尚未根本改变。2009 年，全国 90％以上的财政社会保障支出投向了城镇居民，农村社会保障资金投入仍相对不足。打破城乡分割，建立城乡统一的基本社会保障制度是发达国家的普遍做法，也是全面建成小康社会和推进中国特色社会主义建设的需要。当前，应坚持广覆盖、保基本、多层次、可持续的方针，以增强公平性和适应流动性为重点，着力完善机制，扩大覆盖面，提高保障水平和统筹层次，分阶段逐步建立“全民覆盖、普惠共享、城乡一体、均等服务”的基本社会保障体系，最终实现人人享有基本社会保障目标。

（一）建立城乡统一的基本医疗保险制度

中国的基本医疗保险制度包括城镇职工基本医疗保险制度、城镇居民基本医疗保险制度和新型农村合作医疗保险制度（见表 7—2）。城镇职工基本医疗保险制度是 1998 年年底在全国推行的，参保对象为城镇所有的从业人员，带有强制性质，2012 年全国参保人数达 2.65 亿人；新型农村合作医疗保险制度是在 2003 年试点的基础上建立的，参保对象为农村居民，2011 年参保人数为 8.32 亿人，参合率达 97.5％；而城镇居民基本医疗保险制度是 2007 年建立的，主要针对城镇中小学学生和其他非从业居民，2012 年参保人数为 2.72 亿人。目前，中国已经实现了社会医疗保险制度全覆盖。但是，制度全覆盖并不代表城乡居民都参加了医疗保险，而且现行制度城乡二元、群体分割，呈现出“碎片化”的特征。三项基本医疗保险制度参保人群不同，管理机构有别，筹资方式、保障水平、运作模式、报销比例等也各异，城乡互不衔接。城镇职工基本医疗保险和城镇居民基本医疗保险由人力资源和社会保障部门主管，而新型农村合作医疗保险由卫生计生部门管理。这种“碎片化”状况，既带来了城乡居民之间和不同群体之间的不公平，也造成了居民重复参保、财政重复投入、管理上互相掣肘等问题。为此，必须加大力度整合资源，统筹城乡医疗保障，建立城乡统一的基本医疗保险制度，使城乡居民享受均等化的基本医疗保障服务。

表 7－2　中国现行三项基本医疗保险制度比较①

制度形式		城镇职工基本医疗保险	城镇居民基本医疗保险	新型农村合作医疗保险
参保要求	指导性文件	国务院关于建立城镇职工基本医疗保险制度的决定（国发〔1998〕44 号）	国务院关于开展城镇居民基本医疗保险试点的指导意见（国发〔2007〕20 号）	国务院办公厅转发卫生部等部门关于建立新型农村合作医疗制度意见的通知（国办发〔2003〕3 号）
	参保范围	城镇所有用人单位的职工、无雇工的个体工商户、未在用人单位参加职工基本医疗保险的非全日制从业人员以及其他灵活就业人员	不属于城镇职工基本医疗保险制度覆盖范围的中小学阶段和其他非从业城镇居民	农村居民

① 林森．城乡医疗保险制度整合的实践与思考［J］．长春大学学报，2003 (1)．

（续表）

制度形式		城镇职工基本医疗保险	城镇居民基本医疗保险	新型农村合作医疗保险
	参保是否强制	强制参加	自愿参加	自愿参加
资金筹集	单位	单位和个人按照国家规定共同缴纳基本医疗保险费。灵活就业参保人员按照国家规定缴纳基本医疗保险费	有条件的用人单位可以对职工家属参保缴费给予补助	——
	个人		以家庭缴费为主，由统筹地区根据当地经济发展水平自行确定筹资水平	政策制定初每人每年缴费 10 元，经济条件好的地区可相应提高缴费标准
	财政	不予补助	政府给予适当补助	2012 年财政补助 240 元
待遇水平	统筹基金支付比例	2011 年在 70%左右	2011 年在 60%左右	2011 年在 60%左右
	统筹基金最高支付限额	提高至相当于当地平均工资或居民平均收入的 6 倍以上	提高至相当于当地居民可支配收入的 6 倍左右	提高至相当于当地农民人均纯收入的 6 倍
经办管理	管理及经办部门	各级人力资源和社会保障部门及经办机构	各级人力资源和社会保障部门及经办机构	各级卫生行政部门及经办机构
	统筹层次	部分地区已实现市级统筹	以市、县统筹为单位，2011 年基本实现市级统筹	一般以县（市）为单位进行统筹，条件不具备的地方在起步阶段可以乡（镇）为单位进行统筹

2013 年 5 月，国家发展改革委在《关于 2013 年深化经济体制改革重点工作的意见》中指出，“整合城乡基本医疗保险管理职能，逐步统一城

乡居民基本医疗保险制度，健全全民医保体系”。《中共中央关于全面深化改革若干重大问题的决定》进一步指出，“整合城乡居民基本养老保险制度、基本医疗保险制度”。建立城乡统一的基本医疗保险制度是一项长期的艰巨任务，要坚持顶层设计与摸着石头过河相结合，分阶段稳步推进。总体上看，大体可以分三步走：第一步，整合现有的城镇居民基本医疗保险制度和新型农村合作医疗保险制度，建立统一的城乡居民基本医疗保险制度。第二步，逐步取消各级机关、事业单位职工公费医疗，将机关、事业单位职工和农民工全部纳入职工基本医疗保险，建立统一的城镇职工基本医疗保险制度。第三步，整合城乡居民基本医疗保险制度和城镇职工基本医疗保险制度，建立城乡统一的基本医疗保险制度，实现城乡居民在制度上的公平和公共资源上的共享。不同地区因发展条件不同，应因地制宜采取不同的整合模式。如东莞采取将现有三项基本医疗保险制度整合为一的“三合一大统一模式”，而天津采取了将城镇居民基本医疗保险和新型农村合作医疗保险整合为城乡居民基本医疗保险的“二合一渐进模式”。

（二）建立城乡统一的基本养老保险制度

中国现行的基本养老保险制度包括城镇职工基本养老保险制度、城镇居民社会养老保险制度、新型农村社会养老保险制度以及原有的机关事业单位离退休制度（见表 7—3）。新中国成立以来，国家对机关事业单位人员实行离退休制度，离退休人员的离退休金由国家财政支出，个人不缴费。为配合国有企业改革，1986 年建立了城镇职工基本养老保险制度，经过 20 多年的不断完善，现已覆盖城镇各类企业、个体工商户和灵活就业人员，2012 年参保人数达到 3.04 亿人，参保退休人员月人均基本养老金达 1721 元。相比之下，新型农村社会养老保险是 2007 年之后才建立的，参保对象为农村 16 岁以上居民；而城镇居民社会养老保险则是在 2011 年试点的基础上建立的，主要针对城镇无业或就业不稳定人群。2012 年，全国城乡居民养老保险参保人数已达 4.84 亿人。总体上看，目前中国已经实现基本养老保险制度全覆盖，每个符合退休条件的老年人均能按月领取数额不等的养老金，这是一个了不起的成就。但是，应该看到，目前中国基本养老保险制度城乡分割，不同群体保险待遇悬殊，各种保险统筹层次差别大，政府财政负担沉重，不可持续的风险加大。特别是，在参保方式、筹资和缴费模式、资金来源、统筹层次、待遇水平、享受资格条件等方面，城乡养老保险制度都存在巨大差距。因此，从公平公正的角度看，整合各类养老保险项目，建立城乡统一的基本养老保险制度将是今后改革的大方向。

表 7－3 中国现行城乡社会养老保险制度比较①

	城镇			农村
保险制度	城镇职工基本养老保险	机关事业单位离退休制度	城镇居民社会养老保险	新型农村社会养老保险
参保方式	强制	强制	自愿	自愿
参保对象	城镇各类企业职工、个体、灵活就业人员	公务员、事业单位工作人员	城镇无业或就业不稳定人群	农村 16 岁以上居民
筹资模式	现收现付与完全积累相结合	现收现付	完全积累	完全积累
资金来源	企业、个人、政府	政府财政	个人、政府补贴	个人、集体、政府
缴费模式	缴费确定型	待遇确定型	缴费确定型	缴费确定型
缴费及政府补贴方式	工资比例制。基数：上年职工月平均工资；比例：个人 8%、企业 20%；财政兜底	个人不缴费，完全由财政负担	定额制。100～1000 元之间 10 个档次；政府补贴：缴费补贴至少每人每年 35 元；基础养老金每人每月 55 元	定额制。100～500 元之间 5 个档次；政府补贴：缴费补贴至少每人每年 35 元；基础养老金每人每月 55 元
统筹层次	省	国家	市	县
给付水平	养老金＝基础养老金＋个人账户养老金；基础＝（上年在岗职工月平均工资＋本人指数化月平均缴费工资）÷2×累计缴费年限（含视同缴费年限）×1%；个人账户＝个人账户总额÷计发月数	退休前工资的一定比例	养老金＝基础养老金＋个人账户养老金；基础＝55 元；个人账户＝个人账户总额÷139	养老金＝基础养老金＋个人账户养老金；基础＝55 元；个人账户＝个人账户总额÷139

① 邵文娟、刘晓梅．我国城乡居民社会养老保险制度体系的整合研究[J]．长春大学学报，2013（11）．

2013年2月7日召开的国务院常务会议决定，“合并新型农村社会养老保险和城镇居民社会养老保险，建立全国统一的城乡居民基本养老保险制度”。2014年2月，国务院正式发布《关于建立统一的城乡居民基本养老保险制度的意见》（国发〔2014〕8号），提出按照全覆盖、保基本、有弹性、可持续的方针，“十二五”末在全国基本实现新型农村社会养老保险和城镇居民社会养老保险制度合并实施，并与职工基本养老保险制度相衔接；2020年前全面建成公平、统一、规范的城乡居民基本养老保险制度。新合并的城乡居民基本养老保险基金筹集采取个人缴、集体助、政府补的方式，中央财政按基础养老金标准，对中西部地区给予全额补助，对东部地区给予50%的补助。目前，全国已有15个省份建立了统一的城乡居民基本养老保险制度，预计在2015年前完成这一合并难度不大。从长远发展看，还必须打破职业界限，突破“养老双轨制”，加快机关事业单位基本养老保险制度改革，构建由机关事业单位、城镇职工和城乡居民三项保险构成的基本养老保险体系，并在此基础上再适时整合三项保险制度，最终建立全国统筹、城乡统一的基本养老保险制度，使全体人民公平地享有基本养老保障。

（三）完善城乡统一的社会救助制度

社会救助包括经常性救助、专项分类救助和临时性救助，它是政府为困难群众提供的必需的基本公共服务，属于基本社会保障的范畴。近年来，中国积极推进城乡社会救助体系建设，先后建立完善了城乡居民最低生活保障、城乡医疗救助、农村五保供养、临时救助等社会救助制度，初步实现了救助范围覆盖城乡、困难群众应保尽保的目标。然而，受传统的城乡二元体制的影响，长期以来中国在城市与农村实行了相互独立的社会救助制度，城乡割裂和不均衡现象严重。目前，城市社会救助对象范围广，覆盖面高，实施内容繁多，如城市低保、医疗救助、住房救助、教育救助、就业救助、司法救助、流浪乞讨人员救助等；而农村社会救助对象范围窄，覆盖面小，实施内容单一，除了农村低保、五保供养、灾害救助外，其他形式的社会救助进展缓慢，落实不到位。同时，在城乡有别的社会救助制度和政策下，农村社会救助标准、水平和资金投入也普遍低于城市，而且缺乏制度化。2010 年，城市社会救助人均转移支付高达 5091.90 元，而农村只有 452.92 元，相差十倍之多。2012 年，全国农村最低生活保障平均标准只有城市的 52.2%，农村医疗救助人均水平也低于城市。

加快推进基本社会保障服务均等化，就必须按照均等化的要求，打破城乡界限和制度壁垒，尽快建立完善城乡统一的社会救助制度。首先，统一城乡社会救助政策。除了少数具有城乡特色的救助项目，如农村五保供养、城市流浪乞讨人员救助等，城市与农村应按照统一的制度框架，实行统一的标准和政策，建立涵盖基本生活、医疗、教育、住房、就业、法律等救助在内的社会救助体系，为城乡困难群众提供均等化的社会救助服务。尤其要加快建立城乡统一的最低生活保障制度和医疗救助制度。其次，统一城乡社会救助对象。要按照统一的标准，并考虑到城乡的特殊性，统一确定城乡社会救助的对象。要进一步完善临时救助制度，将常住非户籍人口和外来务工人员等流动人口统一纳入社会救助范围。最后，加大对农村的支持力度。中央和各级地方财政要加大对农村社会救助的投入力度，进一步落实和完善农村医疗救助、教育救助、就业救助、住房救助、法律救助等，不断提高农村社会救助标准和水平，促进城乡社会救助资源配置均衡化。

五、建立城乡统一的行政管理制度

受城乡二元社会结构的束缚，长期以来中国实行的是“城乡分治、一国两策”，由此引发了一系列问题。所谓城乡分治，就是按照城乡人口或城乡地域标准，在人口登记管理、规划建设、公共服务、社会保障、财政体制、行政管理等方面实行二元治理。这种城乡分治既是当今中国“三农”问题的重要根源，也是阻碍中国经济社会持续健康发展和城乡一体化的关键因素。促进城乡发展一体化，必须打破这种城乡分治的二元体制，清除各种制度壁垒，建立城乡统一的行政管理制度，从城乡分治转变为城乡同治，推动形成公平公正、规范有序、高效便民、城乡一体的新型治理格局。

（一）从城乡分治到城乡同治

过去，中国实行的是城乡分治的管理体制，农村工作主要由农村工作办、农委、扶贫办以及农业、畜牧、林业、水利等涉农部门承担，而其他部门则大多把工作重点放在城镇地区，“重城轻乡”的倾向明显。这种城乡分治的管理体制，严重制约了城乡发展一体化进程，不利于“三农”问题的根本解决。近年来，为有效推进城乡统筹工作，协调各部门之间的关系，许多地方相继成立了城乡统筹发展办公室。但统筹城乡发展涉及方方面面，并非单个部门能够解决的。从长远发展看，应将城乡统筹的理念融入到经济社会发展各个领域和全过程，把城乡统筹的职能融入到各级部门的常规职能中，形成既管城又管乡的长效机制，实现覆盖城乡的全域规划、全域服务、全域管理，促使行政管理从城乡分治到城乡同治转变。要改变过去“重城轻乡”的传统观念，打破“城乡分治”“镇村分治”的体制障碍，按照全域规划、全域管理、城乡同治的思路，把各级政府部门的管理职能由城镇向农村延伸和覆盖，尤其要把规划、土地、交通、通信、科教、文化、环卫、防疫、城管、水务、安全、消防等经济社会管理和公共服务职能由城镇向农村延伸，实行统一规划、建设、保护和管理，制定覆盖城乡的统一政策，推动形成权责一致、分工合理、决策科学、执行顺畅、监督有力的城乡一体的行政管理体制。在推进城乡发展一体化过程中，今后新出台的政策，除与土地承包、集体经济、农业生产、城镇建设等直接相关的外，均应取消城镇与农村的区分，实行统一标准、统一政策、统一管理、统一服务。

（二）简化行政管理层级

中国的行政管理层级之多为世界之首。改革开放初期，为发挥中心城市的作用，中国进行了市领导县即市管县体制改革。1983 年 3 月，国务院肯定了辽宁等省实行市领导县体制的经验，并批准在江苏全省开展市领导县体制试点，之后市管县体制在全国迅速展开。实行市管县体制后，中国的行政管理层级发展为中央、省（自治区、直辖市）、地级市（州、盟）、县（市、区）、乡（镇）五级。市管县体制在发挥集聚经济效益、密切城乡关系方面起到了一定积极作用，但由于资源配置的行政中心偏向，地级中心城市往往利用行政优势，大规模“吸纳”所辖县域的人口、产业和资源，在某种程度上剥夺了县域的发展机会，而当初设想的辐射带动作用则没有得到应有发挥。目前，在许多地级市，所辖县域人才、资金和建设用地指标向地级中心城区集聚或“转移”已成为一种普遍现象。在中国行政区划中，县级行政区域是一个重要的层次，其在经济社会发展尤其是统筹城乡发展中起着重要作用。当前，要在认真总结各地经验的基础上，按照财权与事权相对应、权力与责任相统一的原则，扩大县级政府的经济社会管理权限，推进省直接管理县财政体制，积极探索省直接管理县（市）的体制。同时，要适应统筹城乡发展的需要，赋予重点镇部分领域的县级经济社会管理权限，逐步将建设、规划、路政管理、市容环卫、环境保护等公共管理职能延伸到乡镇。

（三）优化行政区划设置

为适应城乡经济发展的需要，1986 年 4 月国务院批转了民政部《关于调整设市标准和市领导县条件的报告》（国发〔1986〕46 号），1993 年 5 月又批转了民政部《关于调整设市标准的报告》（国发〔1993〕38 号）。在这些政策的引导下，全国县改市工作快速推进，建制市数量从 1986 年的 353 个快速增长到 1997 年年底的 668 个。建制市数量的增加，既为新增城镇人口提供了重要载体，也诱发了各地盲目追求设市目标的倾向。为此，1997 年中共中央、国务院在《关于进一步加强土地管理切实保护耕地的通知》（中发〔1997〕11 号）中提出“冻结县改市的审批”。之后，中国建制市发展进入以撤地设市、撤市（县）设区、县下乡镇合并与撤乡设镇的宏观控制和整合发展的新阶段，至 2012 年全国建制市减少到 657 个，其中县级市减少到 368 个。然而，随着 1996 年以来中国城镇化进入加速推进时期，建制市数量的不断减少与城镇化的加速推进形成鲜明对比（见图 7—1）。国家对新设建制市的冻结导致设市工作严重滞后，远不能适应城镇化的需要，还制约了经济强镇的发展。目前，全国已有一批建制镇镇区人口规模超过20万，有的甚至超过50万。这些建制镇尽管人口规模已经突破中等城市甚至大城市的界限，但其规划和管理仍沿用建制镇的体制，远不能适应城镇发展的需要。

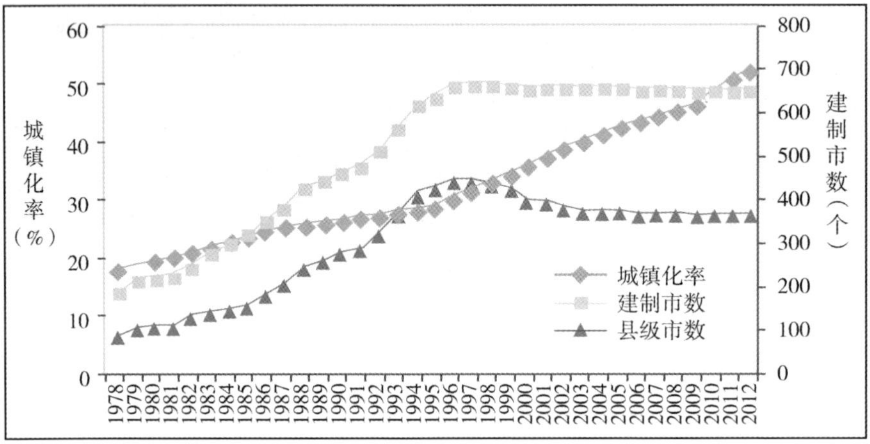

图7－1　中国城镇化进程与建制市数量的变化

［资料来源：根据《中国统计摘要》（2013）和《中国城市建设统计年鉴》（2012）绘制］

为此，当前应尽快恢复设市工作，重启县改市，并推行“镇改市”，积极探索中国特色的市镇体制，建立符合社会发展要求的政区体系。一是研究制定新的设市标准。现阶段，应以建成区人口和用地规模、人口密度、城区建设水平（公共基础设施建设情况）为核心指标，以非农产业发展等经济指标为辅助指标，尽快制定完善设市标准，尤其是县改市、镇改市的标准。对西部边境和民族地区人口较少、经济发展水平较低但地位突出的城镇，其设市标准应相应低一些。二是因地制宜推进县改市（区）工作。县改市（区）要以是否有利于调动地方的积极性，是否有利于城镇经济又好又快发展为出发点。对于紧邻地级及以上城市中心区，且经济联系紧密、人口密度大、城镇化率较高、经济实力较强的县，确实需要时可考虑改为区。县改区一定要从严掌握，禁止将县级市改为市辖区，防止大城市摊大饼式蔓延扩张，出现“城市区域化”的态势。三是稳妥开展“镇改市”工作。目前，浙江、广东、山东等省已开始实行扩权强镇试点。要认真总结经验，采取切块设市的方式，稳妥开展“镇改市”工作。“镇改市”与县改市不同，县改市是整县改市，行政级别没有变化，而“镇改市”是“撤镇改市”，设市后其行政级别将发生变化，由建制镇升为建制市，享受县级市管理权限。

第八章

构建新型的城乡工农关系

中国城乡工农关系的演变历程

现行城乡工农关系的特点及弊端

新型城乡工农关系的内涵和作用

新型城乡工农关系的实现途径

中共十八届三中全会审议通过的《中共中央关于全面深化改革若干重大问题的决定》指出：“城乡二元结构是制约城乡发展一体化的主要障碍。必须健全体制机制，形成以工促农、以城带乡、工农互惠、城乡一体的新型工农城乡关系，让广大农民平等参与现代化进程、共同分享现代化成果。”构建新型城乡工农关系，是新时期走中国特色的新型工业化和新型城镇化道路的要求，也是确保中国经济社会长期稳定协调发展的基础。

一、中国城乡工农关系的演变历程

中国城乡工农关系的形成，与新中国成立以后采取的工业化战略有着极为密切的联系。围绕工业化战略形成的城市主导农村、工业主导农业的城乡工农之间的特殊发展关系，对1950—1978年的中国经济社会发展产生了重要影响。

（一）城乡工农关系的内涵

确定城乡工农关系的内涵，是我们展开讨论的前提和基础。关于城乡工农关系的提法并不陌生，但是要对其进行科学定义却十分困难，这是因为在学术研究范式中，不存在统一标准。在归纳和吸取前人研究成果的基础上，对城乡工农关系进行定义，主要是为了更好地对城乡工农关系涉及的问题展开讨论。

1. 城乡关系

城乡关系包含的内容十分宽泛，其定义也是仁者见仁、智者见智。主要有以下两种比较有代表性的观点。

一是所有制关系说。学者张强认为，中国的城市建立在国有土地上，中国的农村建立在集体所有土地上，在两种不同土地所有制形式基础上因为发展产生的关系就是城乡关系。由于所有制不同，城乡发展关系最终演变为城乡二元经济和城乡二元社会结构。与二元结构对应，形成了城乡有别的户籍身份认定、城乡分治的社会服务与管理、城乡不同的公共服务和公共产品供给关系。

二是交换分配关系说。张元红认为城乡关系就是收入分配、消费、投资、人口就业的关系，并从交换分配的角度，对中华人民共和国成立以来城乡交换分配关系形成的原因，以及城乡交换分配关系演变过程进行了深入分析，认为必须及时调整失衡的工农业和城乡发展关系，逐步消除城乡分割的二元发展状态，实行城乡经济社会统筹发展。

归纳以上观点，城乡关系是指城市与农村由经济、政治、文化、社会和生态发展所引起和产生的关系。这种发展关系有其内在的逻辑性和均衡性。

2. 工农关系

从现有的研究文献看，绝大多数研究成果都是从产业交换发展和利益平衡的角度来定义工农关系。主要有两种代表性观点。

一是产业交换关系说。韩长赋认为，在工农产品价格剪刀差基本解决后，现阶段主要是城乡要素配置剪刀差。中国工农业发展不平衡，差距扩大，很大程度上是由于工农业资源要素交换不平等造成的。土地、资金和劳动力等农业资源过多地流向了工业。例如，2010 年年末，全国农户储蓄余额为 5.9 万亿元，农户贷款余额只有 2.6 万亿元，两者相差 3.3 万亿元。农村资金供给严重短缺，提高了农业的融资成本。因此，工农关系体现的是产业之间协调发展的关系，包括要素交换关系、产品交换关系、劳动力就业关系和服务均等关系四个方面。

二是产业利益平衡关系说。韩俊从产业发展的重要性和地位出发，对工农关系做了定义。他认为工农关系的核心是工农业利益的平衡关系，这种利益平衡关系建立的出发点在于农业是国民经济的基础，是国家安全的保障，没有农业的发展就没有国民经济的发展和国家的安全，更谈不上工业的发展。西蒙·库茨涅兹曾经对工农关系做过如下的描述，引起现代工业增长和相应的工业化和城镇化的技术进步标志着作为生产者而居住在城市的消费者，需要那些在农村并无需求的商品和服务。实际上他讲的是工农业协调互促发展的关系。

归纳以上文献的观点，工农关系主要是指工业与农业的产业交换关系、产业发展的利益关系和产业互促协调发展关系。

3. 城乡工农关系

综合以上有关城乡工农关系研究的文献，工农关系是指在一定经济社会发展模式下工业与农业在产业利益平衡基础上的交换、互促协调发展关系；城市与农村在经济、社会、政治、文化、生态发展上形成的有机互动关系。只要人类社会发展过程中存在工业和农业、存在农村和城市，那么城乡工农关系就会贯穿于整个人类社会的发展过程中。至于城乡工农关系向何种方向发展，则要取决于经济体制取向以及发展模式和发展战略的选择。在 1950—1980 年的 30 年时间里，由于采取了重工业优先发展的工业化战略，这一时期的城乡工农关系形成了工业主导农业、城市主导农村的不平等发展格局，并对中国经济社会发展产生了重要影响。

（二）工业主导农业的工农关系形成与演变

中华人民共和国成立之初，关于采取何种工业化战略曾经有过一次争论。当时一部分人认为，发展轻工业投资省、见效快，又能改善人民的物质生活条件，为国家多积累建设资金，这是施仁政的政策和选择。但毛泽东等人认为，应优先发展重工业。他将发展轻工业比作小仁政，发展重工业比作大仁政。薄一波提出，“所谓仁政有两种：一种是为人民的当前利益，另一种是为人民的长远利益，例如抗美援朝，建设重工业。前一种是小仁政，后一种是大仁政。两种必须兼顾。不兼顾是错误的。那么重点放在什么地方呢？重点应当放在大仁政上。现在，我们施仁政的重点应当放在建设重工业上”。如果我们不把重工业放在优先发展的位置，没有机械制造业，发展轻工业的装备从哪里来？没有钢铁等基础工业，机械制造的原材料从哪里来？没有能源和交通运输，整个经济又怎么运转？特别是美国军事威胁造成的安全压力，要求我们亟须建立强大的军事工业。因此，我们国家的“一五”计划只能采取优先发展重工业的指导方针[①]，即首先集中主要力量发展重工业，建立国家工业化和国防现代化的基础[②]。

中国是一个人口大国，也是一个农业大国，实现工业化既需要国际资金、技术、人才和资源要素的支持，也需要有国内民族工业基础的强力支

① 薄一波．若干重大决策与事件的回顾［M］．北京：中共中央党校出版社，1991.

② 周恩来．周恩来选集（下卷）［M］．北京：人民出版社，1984.

撑。但是，在中华人民共和国成立初期，由于意识形态的巨大分歧，我们不但得不到国际资本、技术、人才和要素的支持，相反还受到来自国际方面的各种封锁，加上国内民族工业基础薄弱，很难在国家工业化进程中扮演生力军的作用。因此，在这样的发展环境下，实现农业国向工业国转换的唯一途径是，农业为工业化提供资本积累，从而完成刘易斯的“两部门转换”，建立起强大的工业体系和实现工业化。农业在为工业提供发展资本的同时，不仅牺牲了自我发展能力，也将自己放在从属工业的位置，形成了工业主导农业的工农发展关系。

为了获取更多的资本积累，在工业领域完成了农业、手工业和资本主义工商业改造，消灭了私有制经济，建立了全民所有和集体所有为代表的公有制经济，将生产的控制权牢牢掌握在国家手中。同时，通过在农业领域大规模地开展合作化运动，成立人民公社，控制了农副产品的生产。为进一步控制农副产品流通，以及为了保障通过工农业产品价格剪刀差拿到工业发展需要的积累，又建立了农副产品统购统销制度。在1950—1980年长达30年的时间里，正是通过上述一系列做法，工农关系逐渐演化为一种不平等交换的利益关系。研究表明，在这一段时间里，农业部门总共为国家工业化提供了大约10243.74亿元积累，农业资源输出总额达到14508.77亿元。在工业主导农业发展下形成的工农关系给农业和农村发展带来的最终结果是：农村只能发展农业，发展农业只能发展粮食种植业。

（三）城镇主导农村的城乡关系形成及演变

为了顺利实施重工业优先发展的工业化战略，中国建立了一整套能够将包括农业在内的所有经济部门的剩余，转换为推动工业化资本积累的制度。这套制度建立的精密性、复杂性和技巧性在于它不但实现了对经济和社会管理运行、产业部门生产和个人经济活动、城市和农村发展、收入分配和福利供给的管控，而且还建立了一种有利于工业化的逻辑关系——城乡分割下的城镇主导农村的发展关系。

建立高度集中的中央计划经济运行体制，是实现对农业农村发展资源有效管控的前提和基础。计划经济是指对经济发展进行计划，计划经济本身并不必然导致对所有发展项目和人财物的控制。例如，新中国成立初期中央政府只对大型和关系国计民生与国家安全的项目进行有计划的管控。但是，随着国家工业化，特别是当农产品“紧缺”已成为国家经济生活的一种常态并威胁到工业化进程和目标时，中央政府才通过高度集权的计划经济体制，强化并实现了对农业农村资源的管控。例如，通过建立农产品统购统销制度，控制农产品交换和价格，利用工农业产品不等价交换为工业化和城镇化提供资本积累；通过管控农村集贸市场，防止农村生产性和生活性剩余转换为家庭和个人发展资源，而不能用于国家工业化建设现象的发生。高度集中的计划经济在严格管控农业农村资源的同时，也强化了农业农村服务工业和城镇发展需要的从属关系。

城镇和农村虽然都执行高度集中的计划经济体制，但在经济发展和社会管理方面则存在较大差异。计划经济时期，城镇实行的是以政府为主导全面建设和全面管理的发展模式。政府通过财政投入来建设城市的基础设施和发展经济，负责为城镇居民提供较为完善的公共服务和社会保障，同时为了避免城镇人口过快增长致使工业化资本积累受到影响，建立了严格的户籍管理制度，并将公共服务、社会福利、社会保障与户籍制度挂钩。农村则实行以农民合作为主、辅以政府支持的经济建设和社会发展模式，即通过建立以生产小队为基础三级所有的人民公社组织，实现对农村经济活动、社会管理和社会事业发展的管控。城乡两种完全不同发展模式所具有的空间和体制边界，在重工业优先发展的工业化模式实施过程中不断得到巩固，最终形成了以城乡划分为依据进行经济、社会事业、公共服务发展与管理的刚性发展制度。这种刚性制度让城镇从农村轻而易举得到了想要的资本积累，同时控制了城镇发展资源向农村的流动，大大削弱了农村的自我发展能力，加大了农村对城镇的依赖度，最终演变成为城镇主导农村的不对等发展关系。

二、现行城乡工农关系的特点及弊端

中国正处在破除导致二元结构的传统城乡工农关系，建立与社会主义市场经济相容的新型城乡工农关系的发展阶段。处于这一发展阶段的城乡工农关系，体现了改革与利益关系重建的特点。一方面改革为新型城乡工农关系的建立创造了制度空间，另一方面由于二元结构没有被彻底破除，二元结构利益关系以新的形式出现并影响新型城乡工农关系的建立，因而使目前的城乡工农关系具有鲜明的特点，并暴露出一些弊端。

（一）工农二元结构有所改善但工业反哺农业格局尚未形成

以工促农、工农互惠是构筑新型工农关系的主基调。其中，工农互惠是基础，以工促农是手段。没有互惠这个基础，就不可能有以工促农的发展。

随着统购统销制度的废除，以及放开农产品购销价格，特别是农产品价格市场化形成机制的逐渐完善，工农业产品价格剪刀差对农业生产者利益侵害的问题得到基本解决，工农业不平等交换关系有所改善。例如，在2005—2012年8年中，工业生产者出厂价格指数只有2005年和2006年两年高于农产品生产价格指数，2006年以后的年份均低于农产品生产价格指数（见图8—1），这说明工农业交换关系正在从不利于农业部门，向有利于农业部门的交换关系演变，开始向构建工业反哺农业、工业促进农业的

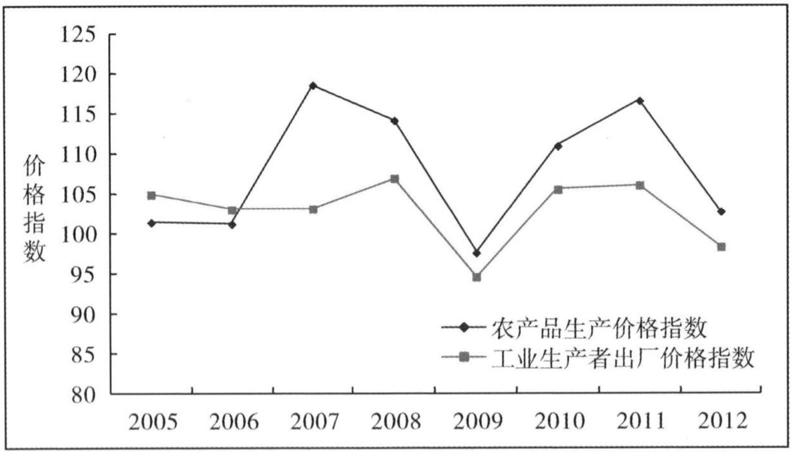

图8－1　2005—2012年农产品生产价格指数和工业生产者出厂价格指数

［资料来源：根据《中国统计年鉴》（各年度）绘制］

新型工农关系发展。受二元结构体制机制没有完全破除的影响，工农关系虽有所改善，但二元结构特征依然没有彻底消除，工业反哺农业格局还未形成，主要体现在以下三个方面。

第一，农业固定资产投入占全社会固定资产投入比重不断下降。固定资产投入是带动生产发展的前提条件。固定资产投入可以反映出投资人的发展倾向，也可以反映出不同产业部门发展次序。近年来，国家不断加大"三农"投入，固定资产投入总量不断增加，但是从农业固定资产投入占全社会固定资产投入的比重看，则在不断下降，这表明在生产要素分配关系上，农业比工业处在更加不利的位置。此外，受农产品价格控制形成的农业挤出效应影响，农业在生产要素配置上也处于弱势地位。由于农产品价格在社会商品零售价格总指数中占据较大权重，农产品价格的微小上涨，都会引发社会商品零售价格总指数的快速上涨。因此，为了抑制社会商品零售价格总指数的快速上涨，控制农产品价格指数的上涨便成为政策选项，哪怕这种上涨属于合理范畴也要实行控制。对合理上涨的农产品价格实行控制，表面上看有利于社会商品零售价格总指数的稳定，但从长远发展角度看，不但损害了农业生产者利益，也扭曲了农业生产要素的配置，加速生产要素从农业领域流出，实际上损害了农业生产的长远发展利益，也破坏了工农关系，这背后依然是城乡分割的二元结构体制机制在起作用。

第二，农业保护依然缺位。农业因其对国家安全具有的重要性，以及与其他产业相比所具有的"低效益"特征，是得到政府保护的最重要原因。世界各国都毫无例外地对本国农业进行保护。各国对农业保护的主要做法，一是加大政府对农业生产基础设施建设、农业生产技术研发与推广、农产品品种改良的投入；二是建立符合市场经济运行要求又能最大限度对农业进行补贴的制度，维护农业生产者利益。中国政府高度重视对农业的各种投入，投入总额不断增加。如2005年国家财政用于农林水事务的支出为2450.31亿元，2012年增长到11973.88亿元，增长了489%（见图8—2）。但是，随着土地租金和农业生产资料价格的快速上涨，粮食生产成本不断提升，粮食价格赶不上种粮成本的上升速度。已有研究表明，2012年与2004年相比，三种粮食平均收购价格上涨了76.7%，其中稻谷平均涨幅90%，玉米为84.2%，小麦为47.1%，大豆只有29.8%。2004—2011年，三种主粮土地成本年均增长15.7%，人工成本年均增长10.4%，物质与服务费用年均增长8.7%，都高于价格增速。近年来，尽管国家逐年加大对粮食生产的补贴力度，但由于成本快速上涨，种粮比较效益逐年下降，农民种粮积极性受到打击。

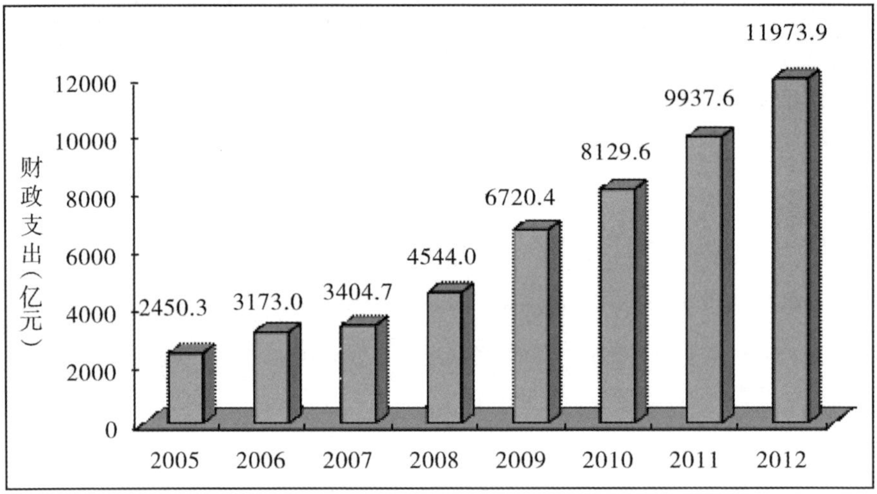

图8－2 2005—2012年国家财政用于农林水事务支出情况

［资料来源：根据《中国统计年鉴》（各年度）绘制］

第三，工业反哺农业、工业促进农业的互惠互促关系还未形成。工业依然从农业获取不平等利益。工业“剥夺”农业是城乡分割二元结构体制在工农关系上的重要表现。虽然工农业价格剪刀差的现象已得到纠正，但是工业依然通过一些制度缺陷，从农业获取较高利益，工农业间不平等的利益关系并没有彻底消除。主要表现：一是工业充分利用农产品生产——加工——仓储物流——销售产业链分割的现状，压缩农产品上游生产者的获利空间来获取超额加工利润，损害农业生产者利益；二是在享受国家各种农业生产资料和农用机械生产补贴资金的同时，不能对等地提供优质生产资料、农用机械和服务。

（二）城乡二元结构虽有突破但以城带乡发展格局尚未形成

在深化改革的推动下，城乡二元结构有所突破，以城带乡、城乡互动、一体发展的格局正在形成。但是，这并没有改变城乡发展关系中，城市强势的主导位置。相反，由于城乡关系中城市与乡村的不对等地位没有改变，处于强势地位的城市仍然从农村继续获取利益。主要表现在以下两个方面：

1. 没有形成合理的城乡利益分配关系

城乡关系既是发展关系，也是利益关系。2013 年地方政府性基金中的国有土地使用权出让收入达到 4.1 万亿元，同比增长 44.6%，刷新了 2011 年 3.15 万亿元的历史纪录。出让土地的绝大部分是从农村集体土地征收过来的。但是，通过变更使用性质和所有权性质获取的这部分土地收入，用于农村发展的比例仍然较低。2012 年，全国土地出让收入用于农业农村的支出为 1999.79 亿元，占当年实际使用土地出让收益的 34.5%，比上年提高 8.4 个百分点。其中，农村基础设施建设支出 488.08 亿元，教育支出 269.95 亿元，农业土地开发和基本农田建设与保护支出 1017.17 亿元，农田水利建设支出 224.59 亿元。相比较而言，土地出让收入用于城市建设支出 3204.15 亿元，占当年实际使用土地出让收益的 55.3%，虽然所占比重比上年下降 10.7 个百分点，但仍远高于用于农村的比重。土地出让收入用于城市廉租住房、公共租赁住房、棚户区改造等保障性安居工程支出 593.01 亿元，占当年实际使用土地出让收益的 10.2%。更重要的是，由于城乡二元的土地市场壁垒没有破除，农村集体建设用地进入土地一级市场的步伐缓慢，城乡利益关系的长效机制还未形成。

2. 以城带乡、城乡一体依然任重道远

改革开放以来，尤其是在乡镇企业异军突起的发展形势面前，农村——农业、农业——种植业的生产与发展格局逐渐被突破，大量农村劳动力和人口从“离土不离乡、进厂不进城”发展非农产业，到“背井离乡”去经济快速发展的沿海地区和城镇打工，对城乡分割的户籍管理制度和就

业制度形成了巨大冲击。表面上看这是农村剩余劳动力为了增加经济收入采取的一种个人经济行为，实际上这是城乡人口和劳动力资源在全国层面上重新配置的一种市场化要求和行为，是以城带乡、城乡一体发展的需要。从当前城镇化进程看，农村人口和劳动力进城遇到的最大障碍仍然是户籍管理制度，以及与户籍管理制度挂钩的各种社会福利制度。

对于大多数城镇和经济快速发展的省份来说，经济发展带来的劳动力需求，推动了二元户籍管理制度改革，但现阶段的城镇户籍制度不仅仍然代表着一种居住身份，更重要的是通过居住身份的制度确认，可以获得与户籍挂钩并只有城镇户籍居民才有的各种福利和保障，因此对绝大多数城镇和经济快速发展地区的政府来说，在进城农村人口和劳动力与城镇居民之间，维持差别化的就业、子女上学、社会保障和福利壁垒，不仅可以缓解来自城镇居民要求维护既得利益的压力，而且也可以缓解消除城乡户籍壁垒给政府造成的财政压力。

（三）城乡社会保障双轨制运行

社会保障体现的是社会公平和公正。自《中共中央关于推进农村改革发展若干重大问题的决定》提出“到2020年农村人人享有接受良好教育的机会，农村基本生活保障、基本医疗卫生制度更加健全”的社会保障事业发展目标以来，全国31个省区市加大了农村社会保障事业的投入和建设力度，在建机制、保基本、广覆盖、可持续的方针指导下，农村社会保障事业得到了快速发展。目前，新型农村合作医疗、农村大病救助、新型农村社会养老保险、农村最低生活保障、“五保户”人员供养保障和社会救助等制度逐渐建立和不断完善。但即使这样，城乡在社会保障发展方面依然存在较大差别。主要体现在以下两个方面。

第一，城乡社会保障发展差距明显。城乡社会保障发展差距一是体现在社会保障制度建设的完备性上。城镇社会保障制度建设较早，因而比较完善，运行和管理比较健全。农村社会保障制度建立不久，需要不断完善和巩固，社会保障运行和管理也需要不断改进。二是农村社会保障资源使用结构比较复杂。为6亿多农村人口建立社会保障面临的最大困难既有资金问题，也有人口群体结构过于复杂，必须分层次、有针对性建立社会保障的问题。因此从客观上看，农村居民社会保障建设不可能在开始的时候就彻底破除城乡壁垒，实现与城镇居民社会保障制度接轨，实行城乡统一的社会保障制度、社会保障范围和社会保障项目。要实现城镇与农村两种社会保障制度的并轨，不可能一蹴而就，需要有一个过程。

第二，城乡社会保障标准差别较大。与城乡社会保障制度差别相比，城乡社会保障标准差别更突出，如医疗保障、养老保障、最低生活保障、社会救助等标准。城镇居民和农村居民社会保障标准的划分，在很大程度上沿用了城乡二元结构体制下城乡分割、“对人不对事”的做法，即以居民身份而不是现实发展需求和状况为依据分类制定社会保障标准。这种做法必然导致在大多数保障领域，城市居民社会保障标准要高于农村居民社会保障标准。

（四）公共服务资源配置城乡失衡

二元结构体制下，除了一些重大农村公共服务建设项目，如大江、大河治理、防灾减灾、流行疫病防治等由国家实施外，其余均采取“民办公助”或者依托人民公社组织来进行建设。在医疗卫生方面农村实行合作医疗，培育赤脚医生；在教育方面实行民办公助；在基本公共服务设施建设方面实行集体事集体办等。这种发展模式与城市公共服务基础设施完全由政府建设形成明显反差。改革开放以来，农村公共服务建设取得了快速发展，但公共服务资源配置以城市为主的格局依然没有改变，主要表现在以下四个方面。

第一，城乡公共服务设施差距大。城乡公共服务设施差距突出表现在大型骨干性公共服务基础设施建设上，例如，由于大型生活饮用水供给网管设施和日常生活污水集中收集与处理设施建设滞后，农村很多家庭的饮用水还达不到安全和卫生标准；农村道路、电讯和文化娱乐等设施也远远落后于城市。

第二，城乡公共服务领域不同。城乡公共服务差距还表现在公共服务领域上。城市公共服务设施齐全，公共服务机构种类和数量众多，可以为居民提供全方位的各种服务，满足不同层次城市居民对公共服务的需求。农村则不同，首先是公共服务设施不足，影响到公共服务平台建设，缺少平台，服务就缺少了必要的支撑，因此很难发展。其次是公共服务机构种类和数量少，公共服务领域和种类受到一定程度限制，只能提供有限的公共服务。

第三，城乡公共服务质量差距突出。公共服务优质资源城乡配置结构，对城乡公共服务质量差异的产生起到了决定性作用。现阶段不仅公共服务资源大量集中在城镇，农村的公共服务资源少而又少，而且优质公共服务资源也高度集中在城镇，主要是城市。城市规模越大，集中的优质资源就越多，形成城乡公共服务资源质量的明显差距。这两种现象目前均没有得到明显改变。

第四，城乡公共服务成本明显不同。从供给的角度看，农村人口数量众多，对公共服务的需求量巨大，但由于农村人口居住分散，在进行公共服务设施建设和提供公共服务上，缺少基本的规模效应，导致农村公共服务设施建设和公共服务供给的成本要高于城市。建设成本和服务成本高，是造成一些优质公共服务资源宁愿向城镇集中，而不愿意下乡的重要原因。从需求的角度看，由于获得公共服务的成本较高，在某种程度上也抑制了需求的发展，从而对城乡公共服务发展差距的形成产生影响。

三、新型城乡工农关系的内涵和作用

调整经济结构，转变经济发展方式和建立新型城乡工农关系，是当下中国经济社会发展的重要任务。建立新型城乡工农关系，有利于推动经济结构调整和经济发展方式转变。

（一）构建新型城乡工农关系的背景

从深化体制改革，实行五个统筹，让城乡居民平等享受发展成果，以及推进新型工业化、新型城镇化、新型农业现代化和信息化发展的角度看，构建新型城乡工农关系既是改革要求，更是发展需要。

第一，经济社会发展需要。保障中国经济社会稳定、协调、可持续发展，需要按照市场经济运行要求，按照国民经济三次产业发展关系和城乡发展规律，破除二元结构体制机制形成的城乡壁垒，以及不合理的城乡工农关系，建立符合市场经济运行要求的新型城乡工农关系。

第二，五个统筹发展需要。统筹城乡、区域、经济社会、人与自然、国内发展和对外开放发展，既涉及工农关系，也涉及城乡关系，这样一来，构建何种工农关系和城乡关系尤其重要。因此，实现中央提出的五个统筹发展，需要彻底破除不合理城乡工农关系产生的制度基础，构建符合五个统筹发展需要的新型城乡工农关系。

第三，发展成果共享需要。城乡工农关系是利益分配关系。二元结构体制下形成的城乡工农关系，在发展成果的分配上将农业和农村居民排斥在工业化和城镇化之外，形成了以工业和城市为主的利益分配格局，损害了农业和农村发展利益，直接影响到工农业和城乡之间协调发展。建立让城乡全体居民都能平等享受发展成果的共享制度，需要建立一种公平、公正的城乡工农利益分配关系。

第四，推进“四化”发展需要。落实中央关于新型工业化、新型城镇化、新型农业现代化和信息化协调发展的关键在于，正确处理工业与农业、城镇与农村、现代信息技术与产业和城镇发展相结合的问题，在于解决好城乡工农关系问题。因此，构建新型城乡工农关系是推进“四化”发展的需要。

（二）新型城乡工农关系的内涵

从经济运行的规律性，以及经济学理论来看，城乡关系本无新与旧之分。如果非要引入“新型”这一概念，那么这一概念大概只适用于像中国这样从计划经济向市场经济转型的国家，所谓“新型”是相对于转型之前存在的城乡工农关系而言。因此，在讨论新型城乡工农关系内涵之前，有必要对原有城乡工农关系形成的前因后果、运行特征和作用形式进行了解。

1. 不合理城乡工农关系形成的原因、运行特征和作用形式

二元结构体制下形成的城乡工农关系，给国民经济发展造成的影响既

深远又广泛。虽然选择这样一种城乡工农关系并不具有客观必然性，但这种城乡工农关系能够保持50多年时间，则一定有其必然性。这种必然性来自以下三个方面。

第一，二元结构体制既是形成不合理城乡工农关系的制度性原因，又是维持其长期存在并发挥作用的体制基础。二元结构体制的核心就是实行城乡、工农有别的体制机制、发展方式，而且这种发展方式是建立在城市对农村、工业对农业的不平等地位基础之上的。

第二，计划经济是不合理的城乡工农关系运行的平台。不合理城乡工农关系的形成虽然有二元结构体制做保障，但是光有体制保障还不够，还需要有一个供其最大限度发挥作用的平台，这个平台就是计划经济平台。通过计划经济这个平台，工业从农业、城市从农村得到了发展想要得到的人财物甚至一切。不仅如此，借助计划经济这一强大平台，工业主导农业、城市主导农村的不合理城乡工农关系在发展中不断得到强化，成为很长一段时期以来中国经济生活中最重要和主要的发展关系。

第三，不合理城乡工农关系的作用形式是不等价利益交换。无论是在工业与农业还是在城市与农村之间发生的产品交换、资本交换、要素交换、劳动力交换过程，无不体现不等价交换利益关系，体现工业对农业、城市对农村利益的侵害。这种不等价利益交换最终导致工农业和城乡发展失衡。

2. 新型城乡工农关系的内涵

新型城乡工农关系是在市场经济基础上，通过建立城乡发展一体化体制机制，遵循利益等价交换原则，形成的一种工业与农业、城市与农村之间相互促进、协调发展的关系。它突出以下强调三方面内容。

第一，突出强调市场经济是新型城乡工农关系形成的基础。在新型城乡工农关系中，相关主体，如工业部门、农业部门，城市与农村、农村居民与城镇居民的地位平等，不存在谁支配谁、主导谁的问题，可以有效避免利益侵害的问题。

第二，突出强调城乡发展一体化。城乡发展一体化体制机制是新型城乡工农关系运行的制度保障。城乡发展一体化是把城乡、区域、经济、社会、文化、生态、政治作为一个整体进行统筹谋划的一种发展形式。围绕城乡发展一体化建立的体制机制，都是以城乡发展一体化为出发点，因而可以最大限度地避免造成城乡分割、产业分割不均衡发展等问题，促进工农和城乡互助与协调发展。

第三，突出强调利益等价交换、资源均衡配置。市场经济是新型城乡工农关系形成和发展的基础，也是城乡工农关系维护的保障。等价交换和资源均衡配置是市场经济的基本原则和规律。遵循等价交换和资源均衡配置，可以避免一方在交换过程中侵害另一方利益的现象，维护交换双方的利益，防止因为一方利益受损而破坏城乡工农关系；可以防止因资源配置不均衡造成工农业、城乡发展失衡现象的发生。

（三）新型城乡工农关系的作用

新型城乡工农关系对当前中国经济社会发展的作用体现在以下六个方面：

第一，纠正工农业发展失衡。大量农业剩余劳动力滞留农业和农村，是工农业发展严重失衡的一种突出表现。造成这一发展结果的根源与二元结构体制导致的不合理城乡工农关系密切相关。打破二元结构体制下形成的城乡工农关系，构建符合工农业协调发展要求的新型工农关系，有利于更好、更快地纠正工农业发展失衡，推动工农业协调发展。

第二，纠正城乡发展失衡。把工业化战略重点放在重工业，以及把城乡发展重点放在城市，而不是放在工农业和城乡协调发展的结果，必然是城乡关系向城市而不是向农村倾斜。城乡关系失衡必然带来城乡发展失衡。建立新型城乡关系，有利于纠正失衡的城乡关系，推动城乡发展一体化。

第三，纠正区域发展失衡。区域发展失衡的重要表现是地区间产业发展失衡和城乡发展失衡。建立新型城乡工农关系有利于纠正失衡的工农业发展关系和城乡发展关系，同时也就有利于纠正区域发展失衡，推动区域协调稳定发展。

第四，纠正经济发展与社会发展失衡。城乡工农关系的内涵既包括经济发展也包括社会发展，因此，城乡工农关系失衡不仅会造成经济发展失衡，也会造成社会发展失衡，更会造成经济与社会发展之间的失衡。建立新型城乡工农关系，有利于纠正经济发展与社会发展失衡问题，推动经济社会协调发展。

第五，纠正工业化与城镇化失衡。中国工业化和城镇化进程中出现的城镇化滞后于工业化的现象，是工农业利益、城乡利益关系没有得到正确处理的反映。构建新型城乡工农关系，有利于在工农业、城乡之间建立旨在平等分享发展利益的分配格局，因此也有利于纠正城镇化滞后于工业化的失衡现象。

第六，纠正发展成果分享失衡。城乡分割的二元结构体制，是造成城市居民比农村居民能够更多分享发展成果的重要原因。对城乡工农关系进行重新构建，有利于纠正城乡居民在发展成果分享上的失衡现象。

四、新型城乡工农关系的实现途径

从已有城乡工农关系形成的体制原因、相关环境条件和运行模式看，建立工业反哺农业、城市带动农村的新发展方式，实现发展资源城乡均衡配置，调整工农、城乡利益分配格局，是新型城乡工农关系实现的重要途径。

（一）建立工业反哺农业和以工促农的新发展方式

实行工业反哺农业和以工促农发展方式，是新型工农关系实现的途径和基础。建立工业反哺农业和以工促农的新发展方式，要从以下几方面入手。

1. 建立工业反哺农业新格局

建立工业反哺农业新格局是加大农业补贴力度，保护农业生产者利益的前提，也是形成新型工农关系的要求。当前，应当从工农业生产内部和工农业生产外部，以及加大对农业直接补贴三个方面来实现工业反哺农业。

第一，加快工农产业融合，通过产业融合实现工业对农业的反哺。在工农产业分割状态下，工业生产部门和农业生产部门都有各自的利益诉求，因而很难建立平等的生产、交换和分配利益关系。加快工农产业融合，建立全产业链供应模式，不仅可以通过在全产业链条上的统一生产、统一加工、统一仓储物流、统一销售，均衡配置资源和安排生产，而且还可以根据生产发展需要，在不同产业环节上合理分配收益，让身处产业链条上不同环节的生产部门都能获得平均利润，特别是可以通过全产业链的利润分配方式，实现工业反哺农业，让农业获得平均利润，避免产业分割状态下农业生产利润过低，农业发展利益受损现象的发生。

第二，建立健全农业生产资料补贴机制，实现工业反哺农业。中国现行的农业补贴，主要包括种粮农民直接补贴、农资综合补贴、良种补贴和农机具购置补贴。近年来，农民种粮成本快速提升主要是农业生产资料价格上涨较快。为此，要建立完善与农业生产资料价格挂钩的农资综合补贴机制，根据化肥、柴油等农资价格上涨幅度及时提高农资综合补贴标准，合理弥补种粮农民增加的农业生产资料成本。同时，在不违反 WTO 规则的基础上，尽可能扩大补贴范围，做到应补尽补，当前要注意建立农业生产服务方面的补贴。此外，在补贴标准上，应尽可能提高补贴上限，让农业生产部门最大限度享受补贴好处。

第三，加大政府农业投入力度，改善农业生产环境，促进农业生产发展。政府财政投入是工业反哺农业的一种表现形式。当前，一要加大政府对中低产田改造投入力度，这是保障中国粮食增产的基础；二要加大农田水利基础设施建设投入力度，为农业生产提供支持；三要加大农业科研开发投入力度，为提高中国农业生产竞争力奠定基础；四要加大对农业劳动力的培训投入力度，提高农业劳动力的人力资本水平，满足现代农业发展的需要。

2. 建立以工促农新发展方式

建立以工促农新发展方式，是新型工农关系实现的重要途径。当前，应从以下几方面入手加强建设。

第一，加强农业产业化建设，实现工业带动农业发展。农业产业化无疑是以工促农最直接和最好的形式。通过建立以工业企业为龙头，带动一家一户农业生产的农业产业化生产组织，可以解决一家一户农业生产遇到的小生产不能适应大市场的问题；可以通过提高生产的组织化程度，提高农业生产效率和竞争力，抵御来自市场的各种风险，更好地推动农业生产发展。各级政府要出台政策，大力加强农业产业化建设，积极推动土地流转制度改革，鼓励各种工商资本进入农业领域进行生产开发，鼓励成立各种形式的农业产业化生产组织。

第二，推动产业融合，在建立健全全产业链的基础上，实现工业带动农业发展。建立农产品全产业链生产模式，把割裂的产业通过全产业链形式有机组合起来，形成生产、加工、流通和销售一体化，不仅有利于充分照顾农业生产利益，还可以通过全产业链的内部发展机制，向农业输送资金、技术、管理和人才，增强农业可持续发展基础，实现一、二、三产业协调发展。

（二）建立以城带乡、城乡一体的新发展方式

以城带乡、城乡一体发展，是新型城乡关系实现的重要途径。建立以城带乡、城乡一体的新发展方式，就是要利用城市在产业、要素市场、基础设施、社会事业和公共服务上已形成的优势，带动农村发展。具体说就是要做到以下几个方面。

1. 大力推动城乡产业融合发展，形成产业发展上的以城带乡

推动城乡产业融合，一是要彻底破除二元结构壁垒，打开城门，实现城乡通开，鼓励以不同方式实现城乡产业融合，如通过股份制形式实现城乡产业重组与融合；二是要鼓励城市产业的产业链向农业和农村延伸，通过延伸产业链的形式，带动农村产业发展；三是要科学合理进行城乡产业布局，在城乡产业互补建设基础上，实现城市产业带动农村产业发展。

2. 大力加强城乡生产要素市场建设，在一体化基础上实现以城带乡发展

土地、资金、技术、劳动力等生产要素的结合，是经济发展的基本条

件。生产要素在城乡之间的匹配程度，决定了城乡一体发展的广度和深度。城市在资金、技术要素上的优势明显，而农村在土地、劳动力要素上的优势突出。以往城乡发展不平衡，主要原因在于城乡壁垒阻断了城市资金、技术与农村土地、劳动力的结合，形成了以分割发展为主要形式的城乡关系。因此，要想实现以城带乡发展新格局，必须破除城乡壁垒，建立城乡一体的金融市场、土地市场、劳动力市场和技术市场，让城乡生产要素通过市场机制的作用，在城乡之间自由流动和按市场经济规律配置。特别需要指出的是，土地增值收益要向农民、农业和农村倾斜，让农民更多分享发展的成果。

3. 积极推动城市基础设施向农村延伸，实现基础设施以城带乡城乡共享

交通运输、电讯和公用基础设施一般都是以城镇为中心建设。二元结构形成的壁垒，一是在基础设施建设上，形成了城市与农村分开建设的格局，大量基础设施和公用设施资源集中在城市，农村无论是在资源的积聚还是在建设能力上都不如城市，导致农村基础设施建设远远落后于城市；二是受二元结构制约，城市基础设施很难向农村延伸，农村也很难与城市共享基础设施带来的生产生活环境条件改善的便利。实现基础设施建设上的以城带乡，首先要彻底破除二元结构产生的城乡壁垒，让城市基础设施有一个向农村延伸的畅通环境，提升农村积聚基础设施和公用设施资源的能力；其次要借助城镇化建设与发展，在加强和完善各级城镇基础设施建设的同时，积极推进城镇基础设施向农村延伸；最后要以新型农村社区和重点村为中心，推进农村基础设施和公用设施建设，彻底改变农村基础设施和公用设施落后的局面。

4. 积极推进城乡社会事业融合，实现社会事业发展上的以城带乡

积极推进城乡社会事业融合的目的，一是要改变目前城乡社会事业资源配置上城多乡少的格局，实现城乡均衡配置社会事业发展资源，推动农村社会事业平稳健康发展；二是要改变优质社会事业资源扎堆集中在城镇，农村优质社会事业发展资源总量不足的现状，让农村居民也能够享受优质社会事业资源提供的服务，全方位缩小城乡社会事业发展差距。无论是从总量上还是从结构上改变城乡社会事业资源的配置，仅靠破除二元结构还不够，还必须在破除城乡壁垒的同时，创新能够实现以城带乡发展的体制机制和方法。例如，通过创新城市医院、学校和养老院托管、联建乡镇卫生院、农村学校和养老院的形式，实现城市优质社会事业资源与农村现有社会事业资源的融合，提高农村社会事业发展质量。

5. 推动城乡公共服务融合，在创新体制机制的基础上实现以城带乡

城乡在公共服务资源配置、平台建设和管理体制上存在很大差异。城市不仅聚集了数量众多的公共服务资源，特别是比较优质的公共服务资源，而且城市的公共服务平台建设比较完备，公共服务机构发育充分，可以为城市居民提供形式多样、种类繁多的公共服务。同时，在公共服务管理上，城市无论从管理机构设置还是从管理方法上，都积累了许多有益的经验。推动城乡公共服务融合，实行以城带乡发展，一要破除城乡壁垒，推动城乡公共服务资源均衡配置，解决农村公共服务资源短缺的问题；二要通过政策激励作用，鼓励城市资源尤其是优质资源与农村公共服务资源融合，提高农村公共服务质量；三要从投融资、机构发育、队伍建设等方面完善农村公共服务平台，使其能够提供优质的公共服务。特别需要指出的是，从长远发展角度看，城乡公共服务平台，最终会从现在的一分为二走向合二为一。在这一过程中，要注意发挥城市公共服务平台引领农村公共服务平台建设与发展的作用。

参考文献

1. H. 钱纳里．发展的形式：1950—1970．经济科学出版社，1998

2. 埃比尼泽·霍华德．明日的田园城市．商务印书馆，2010

3. 白永秀，周江燕，赵勇，吴振磊．中国省域城乡发展一体化水平评价报告（2012）．中国经济出版社，2013

4. 薄一波．若干重大决策与事件的回顾．中共中央党校出版社，1991

5. 蔡昉，都阳，王美艳．劳动力流动的政治经济学．上海人民出版社，2002

6. 蔡昉，王德文．中国经济增长可持续性与劳动贡献．经济研究，1999（10）

7. 蔡昉，王美艳．金融危机对就业的冲击及应对建议．载中国经济前景分析编委会编《中国经济前景分析——2009年春季报告》．社会科学文献出版社，2009

8. 蔡慧敏．《城乡规划法》背景下的城乡发展规划一体化．新乡学院学报（社会科学版），2010（24）

9. 陈仁泽．“造城盛宴”风险大．人民日报，2013（8）

10. 陈述．统筹城乡发展，推进城乡规划一体化的实践与思考．中国农村科技，2012（3）

11. 陈文胜，陆福兴．社会管理创新必须推进城乡一体化．中国发展观察，2011（10）

12. 陈锡文．推动城乡发展一体化．求是，2012（23）

13. 成都市规划局．改革城乡规划管理体制，深入推进城乡一体化．上海城市规划，2006（6）

14. 单菁菁．农民工市民化的成本及其分担机制．载潘家华、魏后凯主编．中国城市发展报告（No. 6）．社科文献出版社，2013

15. 邓正刚．构建我国城乡一体化的公共安全体系．中共中央党校学报，2012（1）

16. 丁祖昱．中国房价收入比的城市分异研究．华东师范大学学报（哲学社会科学版），2013（3）

17. 董敏，郭飞．城市化进程中城乡收入差距的“倒U型”趋势与对策．当代经济研究，2011（8）

18. 恩格斯．共产主义原理．人民出版社，1973

19. 樊丽明，郭健．城乡基本公共服务均等化的国际比较：进程与经验．中央财经大学学报，2012（7）

20. 方创琳，姚士谋，刘盛和等．2010中国城市群发展报告．科学出版社，2011

21. 方玲晓，李庚寅．广东城乡基本公共服务差异现状及原因分析．价值工程，2012（1）

22. 费孝通．江村：农民生活及其变迁．敦煌文艺出版社，1997

23. 冯海燕，张昕，李光永，穆乃君，陈瑾．北京市水资源承载力系统动力学模拟．中国农业大学学报，2006（11）

24. 冯晓英．正视北京人口现状，促进人口有序管理．城市管理与科技，2011（5）

25. 高春亮，魏后凯．中国城镇化趋势预测研究．当代经济科学，2013（4）

26. 顾鑫．财政“三农”支出今年将继续增加．中国证券报，2012（2）

27. 顾仲阳．全国土地流转面积2.7亿亩．人民日报，2013（3）

28. 郭建军．我国城乡统筹发展的现状、问题和政策建议．经济研究

参考资料，2007（1）

29. 郭万达，辛华．深圳要突破“承载力局限”，加快转变发展方式．开放导报，2011（1）

30. 国家统计局．2012年全国农民工监测调查报告．http://www.gov.cn/gzdt/2013—05/27/content_2411923.htm

31. 韩长赋．正确处理工农城乡关系的几个问题．农村工作通讯，2012（16）

32. 韩俊．构建新型工农城乡关系破解三农发展难题．农民日报，2013（11）

33. 洪兴建．基于分组数据的样本基尼系数范围估计．统计研究，2010（2）

34. 侯百镇．转型与城市发展．规划师，2005（2）

35. 胡建国．中国城镇劳动力市场工资差异的城乡户籍歧视问题探讨．统计与决策，2007（1）

36. 胡晓义．加快推进社会保障城乡统筹．社会保障研究，2012（1）

37. 姜大明．建立城乡统一的建设用地市场．人民日报，2013（12）

38. 姜鑫，罗佳．我国城乡基本公共服务均等化现状及对策建议．发展研究，2012（4）

39. 克里斯塔勒．德国南部中心地原理．商务印书馆，2010

40. 李恩平．韩国城市化的路径选择与发展绩效——一个后发经济体成败案例的考察．中国商务出版社，2006

41. 李国平．城市转型：内向—外向—国际．财经科学，1996（6）

42. 李国平，范红忠．生产集中、人口分布与地区经济差异．经济研究，2003（11）

43. 李嘉图．政治经济学及赋税原理．商务印书馆，1962

44. 李松．城市生活垃圾危局凸显如何化解“垃圾围城”的困境．决策探索（上半月），2012（9）

45. 李彦军．产业长波、城市生命周期与城市转型．发展研究，2009

(11)

46. 李彦军．城市发展转型问题研究综述．城市问题，2012（5）

47. 林森．城乡医疗保险制度整合的实践与思考．长春大学学报，2013（1）

48. 刘畅，李新阳，杭小强．城市新区产城融合发展模式与实施路径．城市规划学科，2012（S1）

49. 刘炜，黄忠伟．统筹城乡社会发展的战略选择及制度构建．改革，2004（4）

50. 陆大道，姚士谋．中国城镇化进程的科学思辨．人文地理，2007（4）

51. 陆学艺．走出“城乡分治一国两策”的困境．读书，2000（5）

52. 马晓河．统筹城乡发展要解决的五大失衡问题．宏观经济研究，2004（4）

53. 缪尔达尔．亚洲的戏剧——南亚国家贫困问题研究．方福前译．首都经济贸易大学出版社，2001

54. 农村公共事业发展课题组．农村公共事业发展调查——农户视角：现状、需求意愿与评价．社会科学文献出版社，2013

55. 潘家华，魏后凯主编．中国城市发展报告 No.4. 社会科学文献出版社，2011

56. 潘家华，魏后凯主编．中国城市发展报告 No.6. 社会科学文献出版社，2013

57. 邵文娟，刘晓梅．我国城乡居民社会养老保险制度体系的整合研究．长春大学学报，2013（11）

58. 施坚雅．中国农村的市场和社会结构．中国社会科学出版社，1998

59. 石敏俊，张卓颖，周丁扬．京津水资源承载力研究．载文魁、祝尔娟主编《京津冀发展报告（2013）》．社会科学文献出版社，2013

60. 时慧娜．中国城市化的人力资本积累效应．中国软科学，2012

(3)

61. 世界银行．中国：90年代的扶贫战略．中国财经经济出版社，1993

62. 世界银行．2020年的中国：新世纪的发展挑战．中国财政经济出版社，1997

63. 速水佑次郎，弗农·拉坦．农业发展的国际分析．中国社会科学出版社，2000

64. 孙耀州．工业城市转型的动因和路径分析．城市发展研究，2010 (4)

65. 童玉芬．北京市水资源人口承载力的动态模拟与分析．中国人口·资源与环境，2010 (20)

66. 王大伟，王宇成，苏杨．我国的城市病到底多严重——城市病的度量及部分城市的城市病状况定量对比．中国发展观察，2012 (10)

67. 王耕今，张宣三主编．我国农业现代化与积累问题研究．山西经济出版社，1993

68. 王留青，侯爱敏，陈瑾．基础设施城乡一体化建设的瓶颈及其破解——以苏州为例．苏州科技学院学报（工程技术版），2013 (26)

69. 王敏，马树才．我国城镇居民收入的收敛性分析．辽宁大学学报（自然科学版），2009 (3)

70. 王伟光，魏后凯主编．走共享型融合发展之路：莱芜市统筹城乡发展研究．社会科学文献出版社，2013

71. 王伟光主编．中原经济区核心增长极：大郑州都市区发展战略研究．经济管理出版社，2010

72. 王晓东．城乡统筹下我国社会保障财政体制的改革．宏观经济管理，2012 (12)

73. 王晓丽．从市民化角度修正中国城镇化水平．中国人口科学，2013 (5)

74. 王阳．加快健全城乡劳动者平等就业制度．宏观经济管理，2013

(10)

75. 魏后凯. 中国乡村工业化的代价与前景. 中州学刊，1994 (6)

76. 魏后凯. 怎样理解推进城镇化健康发展是结构调整的重要内容. 人民日报，2005 (1)

77. 魏后凯. 大都市区新型产业分工与冲突管理——基于产业链分工的视角. 中国工业经济，2007 (2)

78. 魏后凯. 新时期我国国土开发的新方略. 绿叶，2009 (10)

79. 魏后凯. 我国城镇化战略调整思路. 中国经贸导刊，2011 (7)

80. 魏后凯. 关于城市型社会的若干理论思考. 城市发展研究，2013 (5)

81. 魏后凯. 中国城镇化进程中的两极化倾向与规模格局重构. 中国工业经济，2014 (3)

82. 魏后凯，苏红健. 中国农业转移人口市民化进程研究. 中国人口科学，2013 (5)

83. 魏后凯，邬晓霞. 中国的反贫困政策：评价与展望. 上海行政学院学报，2009 (2)

84. 魏后凯主编. 走中国特色的新型城镇化道路. 社会科学文献出版社，2014

85. 邬彬，车秀珍，陈晓丹，谢林伸. 深圳水环境容量及其承载力评价. 环境科学研究，2012 (25)

86. 吴缚龙，马润潮，张京祥. 转型与重构：中国城市发展多维透视. 东南大学出版社，2006

87. 吴红缨，2007：重庆创新之举重庆开试农村土地流转配套. 21世纪经济报道，2007 (6)

88. 吴勇，吴耿. 建立城乡统一土地管理体制的“213”构想. 中国房地产报，2009 (7)

89. 西蒙·库茨涅兹编. 现代经济增长. 北京经济学院出版社，1989

90. 杨刚桥. 我国城市土地供需状况、原因及对策. 城市问题，1998

(6)

91. 杨玲．进一步深化重庆市城乡规划一体化的思考．城市，2012 (2)

92. 杨伟民．推进形成主体功能区，优化国土开发格局．经济纵横，2008 (5)

93. 杨宜勇，顾严．建议在“十二五”规划纲要中采用城镇调查失业率为约束性指标．中国发展观察，2011 (3)

94. 姚士谋，陈振光，朱英明等．中国城市群．中国科学技术大学出版社，2006

95. 叶裕民，焦永利．中国统筹城乡发展的系统构架与实践路径——来自成都实践的观察与思考．中国建筑工业出版社，2013

96. 易华，诸大建，刘东华．城市转型：从线性增长到精明增长．价格理论与实践，2006 (7)

97. 余秀艳．城市化与城乡收入差距关系——倒“U”型规律及其对中国的适用性分析．社会科学家，2013 (10)

98. 俞云峰．农村基础设施投资：浙江实践与长效机制．中共浙江省委党校学报，2013 (3)

99. 袁东振．国外如何应对“城市病”．科学决策，2005 (8)

100. 岳金柱，宋珊．试论社会组织在社会转型中的角色与作用．社团管理研究，2011 (8)

101. 张道刚．“产城融合”的新理念．决策，2011 (1)

102. 张荆．公共安全问题突显的原因与对策研究．河南警察学院学报，2012 (21)

103. 张静．去年卖地收入创纪录超 4 万亿助财政收入惊险达标．第一财经日报，2014 (1)

104. 张军，李勤．工业化城市化双加速阶段的城乡统筹．中国发展，2010 (5)

105. 张强．中国城乡一体化发展的研究与探索．中国农村经济，2013 (1)

106. 张元红．农业、农村经济与国民经济之间的关系．载张晓山、李周主编《新中国农村60年的发展与变迁》，人民出版社，2009

107. 张忠法．新型城乡发展一体化的概念与途径．农民日报，2008（1）

108. 赵凌云．湖北鄂州城乡一体化试点的实践与思考，第69次中国改革国际论坛会议论文，2010（8）

109. 郑国，秦波．论城市转型与城市规划转型——以深圳为例．城市发展研究，2009（3）

110. 智联招聘和北京大学社会调查研究中心．2012年度中国职场人平衡指数调研报告．http：//wh. house. sina. com. cn/2012－04－26/1720130761. shtml

111. 中国发展研究基金会．中国发展报告：促进人的发展的中国新型城镇化战略．人民出版社，2010

112. 中国社会科学院农村发展研究所、国家统计局农村社会经济调查司．中国农村经济形势分析与预测（2012—2013）．社会科学文献出版社，2013

113. 周恩来．周恩来选集（下卷），人民出版社，1984

114. 朱常柏．包容性增长与社会救助城乡二元特征的一体化——基于机会平等的视角．求索，2012（12）

115. 朱铁臻．城市转型与创新．城市，2006（6）

116. 薄一波．若干重大决策与事件的回顾．中共中央党校出版社，1991

117. Adalemo，I A. Marketplaces in a Developing Country：The Case of Western Nigeria，Michigan Geographical Publications No. 26，University of Michigan，Ann Arbor，1981

118. BP. BP世界能源统计年鉴．http：//www. bp. com/statisticalreview，2012

119. Friedmann，J. China's Urban Transition. University of Minnesota

Press, 2005

120. Fujita, M. , Krugman, P. and Venables, A. The Spatial Economy: Cities, Regions, and International Trade, Cambridge: MIT Press, 1999

121. Hsing, Y. The Great Urban Transformation: Politics and Property in China. Oxford Press, 2009.

122. International Energy Agency (IEA) . Word Energy Outlook 2008. IEA, 2008

123. International Energy Agency (IEA) . 2013 Key World Energy Statistics. OECD/IEA, 2013

124. Jorgenson, D. The Development of a Dual Economy. Economic Journal, 1961. 71 (282): 309—334.

125. Krugman, P. Increasing Returns and Economic Geography, Journal of Political Economy, 1991. 99 (3): 483—499.

126. Kuznets, S. Economic Growth and Income Inequality. The American Economic Review, 1955. 15 (1): 1—28.

127. Lewis, W. A. Economic Development with Unlimited Supply of Labor. Manchester School, May 1954

128. Myrdal, G. Economic Theory and under Developed Regions. London: Duck worth, 1957

129. Ranis, G. and Fei, J. C. H. A Theory of Economic of Development, American Economic Review, 1961. 51 (1): 533—565.

130. United Nations. World Population Prospects — The 2010 Revision, New York, 2011

131. United Nations. Word Urbanization Prospects — The 2011 Revision, New York, 2012

132. World Steel Association (WSA) . Steel Statistical Yearbook 2012, WSA, 2012

后　记

2013 年 7 月，我们受全国政协经济委员会委托，开始组织撰写“中国新型城镇化理论与实践丛书”。在丛书即将付梓之际，我们还有几句话要对读者说一说。

这是一套与《国家新型城镇化规划（2014—2020 年）》相配套的丛书。

为配合这一规划的研究和制定工作，我们于 2013 年 9 月把通过广泛考察所形成的调研报告，特别是关于对新型城镇化六个问题的看法呈报国务院领导同志，国家发改委等部门根据领导同志的批示要求，对这些报告作了认真研究并采纳了其中许多建议。2014 年 3 月《国家新型城镇化规划（2014—2020 年）》正式发布之后，我们又依据规划对丛书作了相应补充完善，进而使丛书内容更加符合规划要求。

这是一套由著名经济学家与实际操作者共同打造的丛书。

著名经济学家厉以宁、艾丰教授和长期从事经济工作的石军同志多次谋划研究丛书构架设计和重要观点，并担任丛书编委会主任。中国社会科学研究院院长王伟光，国务院发展研究中心副主任韩俊、中国经济时报社社长许宝健、国务院发展研究中心金融研究所副所长巴曙松、东方文化与城市发展研究所所长刘锋和杨晓东、中国区域科学协会副会长郝寿义等著名专家和学者，也都出任编委会委员，并分别承担了相关书稿的撰写工作。

国家发展和改革委员会副主任何立峰（天津市原政协主席）、山东省政协副主席陈光、上海市浦东新区政协主席张俭、农业部农村经济体制与经营管理司司长张红宇、上海市浦东新区发展和改革委员会主任管小军、山东省临沂市市委书记张少军和漫园控股有限公司董事长、北京定福庄文化产业促进会常务副会长杨青山以及艾丰经济研究院副院长詹国枢、冉永平等同志应邀担任丛书编委会委员，并亲自组织相关书稿的撰写工作。

这是一套广泛吸纳各地经验和有关同志智慧而创作的丛书。

在撰写过程中，我们参考了全国各地提供的相关资料，并吸收了他们的成功经验和做法。还到北京、上海、天津、江苏、浙江、山东、湖北等省市作了实地考察，采纳了他们提出的诸多建议和意见，并在北京、上海、天津、山东、湖北五省市有关同志的支持下，完成了文化、科技、工业、物流、旅游驱动新型城镇化五本实践专著。吴新民、张金杰、高钰婕、张光源等同志亦对丛书撰写给予了有力指导和支持，在此一并表示感谢。

由于丛书撰写的时间紧、任务重，难免有阐述不到位甚至偏颇之处，敬请各位读者批评指正。

中国新型城镇化理论与实践丛书

编委会

2014 年 9 月

图书在版编目（CIP）数据

新型城镇化与城乡发展一体化/王伟光，魏后凯，张军著.—北京：中国工人出版社，2014.3

（中国新型城镇化理论与实践丛书/厉以宁，艾丰，石军主编）

ISBN 978-7-5008-5724-2

Ⅰ.①新… Ⅱ.①王…②魏…③张… Ⅲ.①城乡一体化－研究－中国 Ⅳ.①F299.2

中国版本图书馆CIP数据核字（2014）第050659号

新型城镇化与城乡发展一体化

出 版 人	李庆堂
责任编辑	石钰艳
责任校对	赵贵芬
责任印制	栾征宇
出版发行	中国工人出版社
地　　址	北京市东城区鼓楼外大街45号 邮编：100120
网　　址	http://www.wp-china.com
电　　话	（010）62350006（总编室）　（010）62005039（出版物流部） （010）62382916（职工教育分社）
发行热线	（010）62005996　（010）82075964（传真）
经　　销	各地书店
印　　刷	北京睿特印刷厂
开　　本	710毫米×1000毫米　1/16
印　　张	14.25
字　　数	202千字
版　　次	2014年12月第1版　2014年12月第1次印刷
定　　价	42.00元